POLYGLOTT

HAMBURG

ON TOUR

DIE AUTORIN

ELKE FREY

lebt als freie Autorin in Hamburg. Schon während ihres Geografiestudiums begeisterte sie als Reiseführerin viele Besucher für die Hansestadt. Später zog es sie als Studienreiseleiterin in die weite Welt. Besonders fasziniert ist sie aber nach wie vor vom schier unerschöpflichen Facettenreichtum Hamburgs.

 Unser E-Book-Code zur elektronischen Erweiterung des POLYGLOTT on tour. Das kostenlose E-Book enthält die im Reiseführer aufgeführten Adressen entlang der Touren, beispielsweise zu Essen und Trinken, Shoppen, Aktivitäten und Hotel-Tipps. Links auf einen externen Kartendienst vereinfachen das Auffinden dieser Adressen.

WWW.POLYGLOTT.DE

	6 TYPISCH
SEITENBLICK	
28 Stadterkundungen	8 Hamburg ist eine Reise wert!
31 Hamburg persönlich	11 Was steckt dahinter?
54 Hamburger Schnack	12 50 Dinge, die Sie …
57 Architektur	159 Meine Entdeckungen
88 Freihafen & Speicherstadt	160 Checkliste Hamburg
98 Schiffsrundfahrten	
101 Der Hafen	**20 REISEPLANUNG & ADRESSEN**
ERSTKLASSIG	
35 Charmant übernachten	22 Die Stadtviertel im Überblick
38 Typisch genießen: Fisch	25 Klima & Reisezeit
40 Interessante Märkte	26 Anreise
73 Die schönsten Passagen	27 Stadtverkehr
97 Gratis entdecken	30 Sport & Aktivitäten
120 Die originellsten Kieztouren	33 Unterkunft
	36 Essen & Trinken
	39 Shopping
ALLGEMEINE KARTEN	42 Am Abend
4 Übersichtskarte der Kapitel	154 Infos von A–Z
48 Die Lage Hamburgs	156 Register & Impressum

46 LAND & LEUTE

- 48 Steckbrief
- 50 Geschichte im Überblick
- 52 Natur & Umwelt
- 53 Die Menschen
- 55 Kunst & Kultur
- 60 Feste & Veranstaltungen

STADTTEIL-KARTEN

- 68 City
- 87 Speicherstadt und HafenCity
- 94 Hafenkante
- 104 Elbuferweg
- 109 Hafeninseln
- 117 St. Pauli
- 123 Westlich der Alster
- 134 Kunstmeile und St. Georg
- 140 Östlich der Alster
- 147 Ausflüge

SYMBOLE ALLGEMEIN

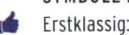 Erstklassig: Besondere Tipps der Autoren

Seitenblick: Spannende Anekdoten zum Reiseziel

 Top-Highlights und

 Highlights der Destination

62 TOUREN & SEHENSWERTES

64 DIE CITY
66 Tour ① Shoppingmagnet City
74 Tour ② Alt und Neu in der Innenstadt
80 Tour ③ Hamburgs Neustadt

84 ELBE UND HAFEN
86 Tour ④ Speicherstadt und HafenCity
94 Tour ⑤ Entlang der Hafenkante
104 Tour ⑥ Der Elbuferweg bis Wedel
108 Tour ⑦ Hamburgs Hafeninseln

114 WESTLICH DER ALSTER
116 Tour ⑧ Streifzug durch St. Pauli
122 Tour ⑨ Grüner Wall und Szeneviertel
127 Tour ⑩ Vom Univiertel bis Eppendorf

130 ÖSTLICH DER ALSTER
132 Tour ⑪ Kunstmeile und St. Georg
138 Tour ⑫ Uhlenhorst bis Stadtpark
142 Tour ⑬ Rund um die Außenalster

144 AUSFLÜGE & EXTRA-TOUREN
145 Lübeck und Travemünde
146 Lüneburger Heide
148 Altes Land
149 Stade
150 Helgoland
152 Tour ⑭ Ein Wochenende in Hamburg
152 Tour ⑮ Hamburg in fünf Tagen

TOUR-SYMBOLE
① Die POLYGLOTT-Touren
⑥ Stationen einer Tour
① Zwischenstopp Essen & Trinken
📘 A1 Die Koordinate verweist auf die Platzierung in der Faltkarte
📘 a1 Platzierung Rückseite Faltkarte

PREIS-SYMBOLE

	Hotel DZ	Restaurant
€	bis 125 €	bis 15 €
€€	125 bis 180 €	15 bis 25 €
€€€	über 180 €	über 25 €

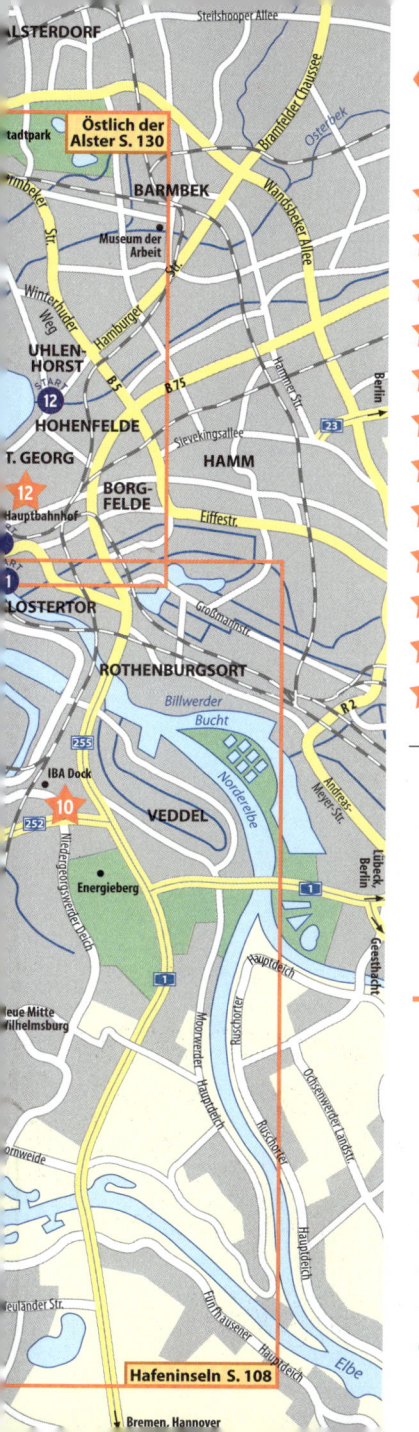

TOP-12-HIGHLIGHTS

1. RATHAUS > S. 75
2. ST. MICHAELISKIRCHE > S. 82
3. SPEICHERSTADT > S. 86
4. ELBPHILHARMONIE > S. 90
5. INTERNATIONALES MARITIMES MUSEUM > S. 91
6. HAFENRUNDFAHRT > S. 98
7. ALTER ELBTUNNEL > S. 99
8. FISCHMARKT > S. 100
9. MUSEUMSHAFEN ÖVELGÖNNE > S. 103
10. BALLINSTADT > S. 111
11. VERGNÜGUNGSMEILE REEPERBAHN > S. 118
12. KUNSTMEILE > S. 132

ZEICHENERKLÄRUNG DER KARTEN

- beschriebenes Stadtviertel (Seite=Kapitelanfang)
- Sehenswürdigkeiten
- Zwischenstopp Essen & Trinken
- Tourenvorschlag
- Autobahn
- Schnellstraße
- Hauptstraße
- sonstige Straßen
- Fußgängerzone
- Eisenbahn
- Staatsgrenze
- Landesgrenze
- Nationalparkgrenze

Perfekte Planung > Parallel vordere Klappe aufschlagen

Elbblick vom Stintfang auf Hafenpromenade, Museumsschiffe und Elbphilharmonie

HAMBURG IST EINE REISE WERT!

Elbe und Welthafen, traditionsreiche City – viel Spannendes hat die Hansemetropole im Norden ihren Besuchern zu bieten: Museumsmeile, eine bunte Musical-, Theater- und Musikszene, schicke Einkaufsstraßen und tolle Restaurants. Die Alster, grüne Parks und kilometerlange Uferwege laden zu erfrischenden Entdeckungstouren ein.

ELKE FREY
lebt als freie Autorin in Hamburg. Schon während ihres Geografiestudiums begeisterte sie als Reiseführerin viele Besucher für die Hansestadt. Später zog es sie als Studienreiseleiterin in die weite Welt. Besonders fasziniert ist sie aber nach wie vor vom schier unerschöpflichen Facettenreichtum Hamburgs.

Zum Hafen zieht es mich immer wieder. Gern setze ich mich auf einen Poller an den Landungsbrücken und schaue dem Treiben auf der Elbe zu. Da wird die Großstadthektik zu einem faszinierenden Film: Zollboote und Barkassen tuckern vorbei. Von den Docks dröhnt emsiges Hämmern herüber. Ein paar Möwen über mir mustern begehrlich die Silbertabletts, die gerade auf ein Partyschiff getragen werden. Auf dem Strom gleitet ein mächtiger RoRo-Frachter vorüber, mit Autos für Westafrika. Der Ponton schaukelt leicht vom Schwall des Kielwassers: Der Alltag am Hafenrand ist lebendig, bunt und höchst unterhaltsam!

Wenige Kilometer stromabwärts: Der Neumühlener Elbstrand ist ein herrlicher Platz zum Spielen, Klönen, einfach nur Sitzen und Gucken. Drüben am Kai bestücken Verladebrücken ein Containerschiff mit bunten Boxen. Auf dem Strom ziehen Fähren, Schlepper und Segelboote vorüber, der nächste dicke Pott ist schon in Sicht. Die weite Welt lässt grüßen.

Hamburg hat durch den Hafen eine jahrhundertealte Tradition als multikulturelle Weltstadt. Das spiegelt sich nicht zuletzt in der aufregenden Vielfalt der Restaurants wider. Gern kehre ich im quirligen Portugiesenviertel an der Hafenkante ein. Eine Riesenauswahl an Fischspezialitäten finde ich an der Großen Elbstraße, Restaurants im Alten Land oder den Vierlanden servieren norddeutsche Küche. Auch von rund einem Dutzend Sterneköchen kann ich mich in Hamburg verwöhnen lassen.

Besonders schätze ich, dass Hamburg trotz seiner gut 1,8 Mio. Einwohner überschaubar ist. Und doch kulturell so unglaublich viel bietet: Allein vier Musicaltheater, jede Menge Theater, die Staatsoper mit ihrer weltberühmten Balletttruppe, hochrangige Museen und Dutzende Galerien. Und dann die Publikumsrenner, bei denen Kinder nicht zu kurz kommen wie das Miniatur Wunderland und das Planetarium.

Die HafenCity begeistert mich immer wieder. Der neue Stadtteil im alten Hafengebiet demonstriert, was nachhaltiges Bauen heißt. Und mit welcher Geschwindigkeit dieses Projekt wächst! Jedes Mal, wenn ich neugierig durch die HafenCity gehe, sind wieder interessante Neubauten dazugekommen. Und die großartige Elbphilharmonie zieht täglich Tausende in ihren Bann.

Auch den Rundumblick vom Turm des »Michels« gönne ich mir immer mal wieder. Endlos dehnt sich der Hafen nach Südwesten aus. Die Elbe verliert sich als glitzerndes Band am Horizont. Im Nordosten die Altstadt mit den spitzen Türmen der mittelalterlichen Hauptkirchen und dem Rathaus. Daneben die Backsteinlagerhäuser der historischen Speicherstadt. Beim Weitblick über die blaue Binnen- und Außenalster stelle ich jedes Mal begeistert fest, dass es für eine Millionenstadt ziemlich grün hier ist!

Apropos Grün: Fast immer ernte ich überraschte Blicke, wenn ich Gästen eine Paddeltour auf der Alster vorschlage. Lautlos gleiten wir durch Kanäle, vorbei an Villen, schicken Lofts oder Schrebergärten; wir überholen Graugänse und Teichhühner, ein Eisvogel zischt vorüber. Packe ich dann auf der Insel im Stadtpark ein Picknick aus, sind meine Gäste längst verzaubert – all das mitten in der Großstadt!

Möwen fühlen sich in allen Teilen des Hafens zu Hause

In der HafenCity bewundert man Traditionsschiffe und Architekturjuwelen

Ehrlich gesagt bin ich nicht gerade ein Shopping-Enthusiast, aber selbst auf mich wirkt Hamburgs Innenstadt wie ein Magnet, denn Citygetümmel und Ruheplätze halten sich wunderbar die Waage. Am Ende der Shoppingmeile Mönckebergstraße befindet sich der Rathausmarkt, dort setze ich mich an die zauberhafte Kleine Alster und schaue den Schwänen zu. Von den Alsterarkaden genieße ich Hamburgs allerschönsten Rathausblick und am Jungfernstieg freue ich mich schon auf die Binnenalster und die Alsterdampfer.

Immer wieder unterhaltsam finde ich den berühmten Hamburger Fischmarkt: Eine frische Brise streicht über die Elbe, mit derbem Witz machen die Marktschreier ihre Aale, Bananen oder Blumentöpfe immer besser und billiger – so tolle Stimmung findet man nirgendwo am frühen Sonntagmorgen! Witzig sind allein schon die illustren Besucherscharen in Partydress oder Blaumann mit Pudelmütze. Und die Hafenkulisse gibt's kostenlos dazu.

Ein Reeperbahnbummel muss sein. Als »Sehleute«, die einzig zum Gucken kommen? Das wär zu schade! Wenn uns gerade nicht nach Musical, Schmidt-Show, Travestie- oder Krimitheater oder etwa Olivia Jones' schrägem Lokal zumute ist, probieren wir's doch mal mit dem Mojo Club, im Keller der »Tanzenden Türme« wird Jazz vom Feinsten gespielt. Oder dort im 24. Stock in der Bar Heaven's Nest das Lichtermeer über dem nächtlichen Hafen genießen.

WAS STECKT DAHINTER?

Die kleinen Geheimnisse sind oftmals die spannendsten. Hier werden die Geschichten hinter den Kulissen erzählt.

WEN SEGNET ANSGAR IM GROSSEN FESTSAAL DES RATHAUSES?

Für den Großen Festsaal im Hamburger Rathaus › S. 75 malte Hugo Vogel Anfang des 20. Jhs. riesige Wandgemälde mit Motiven aus der lokalen Geschichte. Ein Bild zeigt prächtig gewandete fränkische Missionare angeführt von Ansgar, ihnen gegenüber stehen schlicht gekleidete Hamburger. Der Priester erhebt weihevoll die Hände – aber wen segnet er denn da? Ein Stück Rasen? Als Vogel seinen Entwurf präsentierte, sah man darauf einen Mann, der gesenkten Kopfes vor Ansgar kniete – inakzeptabel für die Auftraggeber! Ein Hamburger zeigt sich stets aufrecht. Der Künstler ersetzte die unterwürfige Figur durch ein Stück Grasnarbe, die Senatoren waren zufrieden.

WIE ECHT IST »BARBAROSSAS FREIBRIEF«?

Ihren Hafengeburtstag feiern die Hamburger um den 7. Mai herum mit großem Spektakel. Sie berufen sich auf den berühmten Freibrief von Friedrich I. (Barbarossa) vom 7. Mai 1189, ein Prachtstück im Hamburger Staatsarchiv. Viele Privilegien werden darin gewährt, u. a. die zollfreie Nutzung der Elbe von Hamburg zur Nordsee. Auf die beurkundeten Vorrechte pochte die Stadt unerbittlich, wenn andere Städte an der Unterelbe aufmüpfig wurden und Zoll erhoben. Was nie an die große Glocke gehängt wird: Barbarossa übertrug die Privilegien wahrscheinlich nur mündlich. Erst 1907 wurde bemerkt, dass Urkunde und Siegel eine Fälschung aus dem 13. Jh. sind.

WIE KAM DIE GRÖSSTE ELBINSEL ZUSTANDE?

Die Thronfolge überließ Herzog Georg Wilhelm (1624–1705) von Braunschweig-Lüneburg 1658 seinem jüngeren Bruder Ernst August und versprach sogar, nie zu heiraten. Doch 1664 verfiel er der bildschönen Hugenottin Eleonore d'Olbreuse. Standesgemäß heiraten konnte er seine Geliebte nicht, aber Mätresse zu bleiben, lehnte sie ab. Um seiner großen Liebe und der gemeinsamen Tochter Sophie Dorothea Grundbesitz und damit Anrecht auf einen Adelstitel zu erwirken, erwarb Georg Wilhelm 1672 mehrere Inseln zwischen Hamburg und Harburg, vereinigte sie zur »Herrschaft Wilhelmsburg« und sicherte sie – nun die größte aller Elbinseln – mit einem Deich. Zwei Jahre darauf ernannte Kaiser Leopold V. Eleonore und Sophie Dorothea zu Gräfinnen von Harburg bzw. Wilhelmsburg. Endlich durften die beiden Liebenden heiraten.

50 DINGE, DIE SIE ...

Hier wird entdeckt, probiert, gestaunt, Urlaubserinnerungen werden gesammelt und Fettnäpfe clever umgangen. Diese Tipps machen Lust auf mehr und lassen Sie die ganz typischen Seiten erleben. Viel Spaß dabei!

... ERLEBEN SOLLTEN

❶ Pilgerpfade durch die Metropole Pilgermodus statt Großstadthektik: Stilisierte Jakobsmuscheln markieren den Jakobsweg entlang der Alster zum Pilgerzentrum St. Jacobi und am Elbuferweg bis Wedel › S. 104.

❷ Masten und Rahen Samstags ab 11 Uhr auf dem Museumsschiff *Rickmer Rickmers* › S. 97 klettern und ausgucken. Wagemutige erklimmen die Takelage, beste Aussicht haben sie aus 35 m Höhe von der zweiten Saling am Großmast.

❸ Klettersteig Elbufer Auch schon wenige der 58 Treppen zwischen Blankeneses hübschen Lotsen- und Kapitänshäusern am hohen Elbufer › S. 106/107 bringen einen ganz schön aus der Puste. Danach am besten den Ausblick von einem Café aus genießen.

❹ Hafenrundfahrt zu Lande Kostenlos kommt das Rad durch den Elbtunnel › S. 99 oder man nimmt es auf die Fähre mit – ein leichter Start für die Hafentour auf eigene Faust. Wer sich allein nicht traut, bucht eine Gruppen-Rundfahrt des ADFC (www.hamburg.adfc.de).

❺ Müllbergpanorama Fachmännisch versiegelt, avancierte die einstige Giftmülldeponie zum Energieberg Georgswerder › S. 112. Man besteigt den 40 m hohen Gipfel, spaziert oder joggt oben auf dem Horizontweg und genießt das 360°-Panorama über die Stadt (Führungen Fr–So 15.30, Sa/So auch 13.30 Uhr).

❻ Skaten in den Wallanlagen Die Rollschuhbahn auf 4300 m², nördlich vom Museum für Hamburgische Geschichte, ist im Sommer der Hotspot der Skater. Im Winter ist hier Deutschlands größte Freiluft-Eisbahn 📕 F5 (Holstenwall 30).

Die *Rickmer Rickmers* bietet Einblicke in das Leben auf einer Windjammer

Stehpaddler erkunden die Außenalster

7 Rein ins kühle Nass Der große Stadtparksee hat ein tolles Freibad mit Badeaufsicht. Im riesigen Oval nebenan sparen unkomplizierte Badende den Eintritt und tummeln sich fröhlich zwischen Schwänen, Enten und Booten > S. 141 (Freibad: Südring 5b, Ⓤ 3 Saarlandstraße; sonst Ⓤ 3 Borgweg).

8 Radtour Wilhelmsburg Auf der größten Elbinsel erradelt man sich unter kundiger Führung reichlich Stadtgrün, den Energiebunker, den Energieberg, ein international bedeutendes Naturschutzgebiet und interessante Stadtplanungsprojekte > S. 112/113 (ab Ⓢ Landungsbrücken/ Ⓢ Veddel; n. V., www.twietenkieker.de).

9 Aufrecht bleiben – SUP! Stehpaddeln auf der Außenalster und ihren Zuflüssen liegt im Trend; ein Board und ein langes Paddel gibt's am Ufer > S. 138. Ausleihe und Einweisung z. B. bei Alstersurfer (www.alstersurfer.com).

... PROBIEREN SOLLTEN

10 Fischgenuss Die bekannteste Hamburger Fischspezialität ist die Finkenwerder Scholle mit Speck und Zwiebeln. Schmeckt sehr lecker im Fischrestaurant Hoppe mit Blick auf Elbe und Museumshafen 📖 B6 (Övelgönne 6, Tel. 8 80 04 45, www.hoppes.hamburg.de).

Finkenwerder Scholle mit Speck und Zitrone

⓫ Kochkunst à la Kombüse Labskaus, den Schiffskoch-Reste-Mischmasch aus Pökelfleisch, Kartoffeln, Rote Bete und geheimen Zutaten, kostet man im Old Commercial Room › S. 38. Für Vorsichtige gibt es Probier-Portionen.

⓬ Alsterwasser In Hamburg heißt das Radler Alsterwasser (halb Bier, halb Limo) und ist an heißen Tagen der beste Durstlöscher. Der schönste Ort für den Genuss ist in der Alsterperle › S. 143, wenn Segelboote vorüberrauschen.

⓭ Süße Verführungen Im Chocoversum beim Chocolatier Hachez › S. 41: Nach jedem Arbeitsschritt darf man kosten und im Aroma-Atelier die eigene Schokoladentafel kreieren. Köstlich ist die Schokolade mit Safran und Mandelsplittern.

⓮ Der Weg zum Tee-Connaisseur Die feinen Geschmacksnuancen zu unterscheiden lernt man bei Schulungen durch den Tea-Master im Meßmer Momentum › S. 91 (Do/Fr 17–18.30, Sa 12–13.30 Uhr, 18,50 €).

⓯ Sauerteig und Liebe Brot aus vollem Korn und bio seit über 40 Jahren, gebacken wird mit Sauerteig und Liebe in der »Gläsernen Backstube«, probieren Sie auch das Früchtebrot ▮ F4 (Effenberger-Vollkornbäckerei, Dammtorbahnhof).

⓰ Hamburger Pannfisch Kopflos sind die drei oder mehr Fischsorten, die aus der Pfanne auf den Teller kommen, Dijonsenfsoße und Bratkartoffeln gehören dazu, tadellos serviert z. B. in der urigen Speisewirtschaft Opitz ▮ H3 (Mundsburger Damm 17, Tel. 229 02 22).

⓱ Lecker seit Napoleon Süß, zimtig und buttrig sind Franzbrötchen, wohl ein Erbstück aus Hamburgs Franzosenzeit. Die Bäckerei der leckersten Hefe-Doppelschnecke wird im ethnografischen Museum MARKK gekürt › S. 128.

⓲ Kleine Fische Februar und März ist Stint-Saison: Gaumenkitzler sind die kleinen Edelfische aus der Elbe, kross gebraten werden sie bis auf den Kopf gegessen. Reservieren Sie einen Tisch im Alt-Hamburger Aalspeicher ▮ F5 (Deichstr. 43, Tel. 36 29 90).

19 **Bonsches für Naschkatzen** Erst zuschauen, wie die bunten Bonsches (Bonbons) aus Rohrzucker entstehen, dann probieren – im Bonscheladen 📖 C4/5 (Friedensallee 12, Ottensen, Di–Fr 11–18.30, Sa 11–16 Uhr, zusehen Di–Fr um 16.15, Sa 14.30 Uhr).

... BESTAUNEN SOLLTEN

20 **Fantastische Aussicht** Das Wetter muss mitspielen, dann kann man zum Sundowner im 24. Stock der Tanzenden Türme in der Bar Heaven's Nest › S. 38 die fantastische Aussicht genießen (Sommersaison tgl. ab 12 Uhr bis open end).

21 **Blütenzauber am Himmel** Japanisches Kirschblütenfest – das schönste Feuerwerk des Jahres findet immer am vorletzten Freitag im Mai an der Außenalster statt › S. 60.

22 **Weihnachtsmann im Anflug** Historischer Weihnachtsmarkt auf dem Rathausmarkt › S. 75: Dreimal täglich schwebt ein »echter« Weihnachtsmann samt Rentiergespann vor dem Rathaus hernieder. Wie er das schafft? Roncallis Geheimnis.

23 **Archäologie zum Kaffee** Bei Kaffee und Kuchen im Keller des Cafés Dat Backhus berühren einen fast die Findlingsmauern des 900-jährigen Bischofsturms 📖 G5. Ein paar Meter weiter, am heutigen Domplatz, lag die Wiege der Stadt, die Hammaburg › S. 77.

24 **Orgelmusik im Michel** Stille Einkehr täglich mittags um 12 Uhr in der Hauptkirche Hamburgs, St. Michaelis › S. 82. Im Anschluss an eine kurze ökumenische Andacht erklingen oftmals die mächtigen Orgeln.

Im Frühling sprießen die Blüten der Japanischen Zierkirschen am Ufer der Binnenalster

Am Elbstrand faulenzen und von der weiten Welt träumen

㉕ Blütenmeer im Alten Land So viel Lieblichkeit lädt in die tischebene Elbaue › S. 148 ein: Während auf dem Elbstrom dicke Containerfrachter ziehen, erstrecken sich hinterm Deich im April und Mai Millionen zartrosa blühender Apfel- und Kirschbäume.

㉖ Stille – Dunkel – Altern Wie es sich anfühlt, keinen Laut zu hören, nichts sehen zu können oder als alter Mensch mit alltäglichen Kleinigkeiten nicht mehr zurechtzukommen, wird schlagartig klar bei den Führungen im Dialoghaus › S. 93.

㉗ Schiffe kucken in Övelgönne Stundenlang könnte man den mächtigen Pötten zusehen, wie sie über die Elbe schippern. Macht noch mehr Spaß mit einem spritzigen Drink im Liegestuhl des Szenelokals Strandperle › S. 104.

㉘ Stadtkreuzfahrt Auf den HafenCity Riverbussen sind die Fahrer auch Kapitäne. Erst geht's durch die Speicherstadt und die HafenCity zu Lande, danach kann man das großartige Stadtpanorama auch von der Elbe aus betrachten – Abenteuerkitzel im Amphibienbus › S. 28.

㉙ Das Universum zum Anfassen Magische Rauchnebel und 3-D-Filme entführen alle ins Universum. Sphärenklänge umschmeicheln das

Gemüt, während fantastische Sternenshows im modernsten Planetarium Deutschlands vorüberziehen › S. 141.

30 Meer sehen Hoch oben über der Ostsee am faszinierenden Brodtener Steilufer bei Travemünde kann man im Erlebnisrestaurant Hermannshöhe › S. 146 am Wochenende herrlich frühstücken (Sa/So 8–11 Uhr) und sich am Meerblick satt sehen.

... MIT NACH HAUSE NEHMEN SOLLTEN

31 Fernweh-Kleidung Maritime Krawatten haben etwas Weltmännisches – Ernst Brendler 🔖 G5 verkauft sie seit 1879 in gediegener hanseatischer Qualität, um 18 € (City, Große Johannisstraße 15).

32 Kinderleichtes Kapitänspatent Kinder ab sechs Jahren absolvieren den »Grundkurs Hafen« und bekommen ihren »Hafen-Pass« mit Stempel und Unterschrift im Hafenmuseum › S. 110 (So 14–17 Uhr, 2 €).

33 Honigsüße Hanseaten-Hilfe Hamburger »Patrioten-Honig« von Bienenstöcken auf dem Dach der Patriotischen Gesellschaft von 1765 › S. 77. Er wird gegen Spende abgegeben, der Erlös fließt in soziale Projekte (ca. 8 € für 500 g).

34 Jahrespass für die Kunstmeile Die fünf hochrangigen Museen auf der Kunstmeile in Muße ansehen. Mit dem Kunstmeilenpass hat man ein Jahr lang Zeit, die einzelnen Museen jeweils ein Mal zu besuchen (36 €) › S. 55, 132.

35 Made im Knast Die im »Santa Fu« (Gefängnis Fuhlsbüttel) produzierten originellen T-Shirts mit Aufdruck UNSCHULDIG kann man u. a. im Museum der Arbeit › S. 139 kaufen, der Erlös geht an die Organisation Weißer Ring e. V.

36 Schlüsselroman Recyceltes mit Hintersinn, und alles Handwerk: Die Jungs von Lockengelöt › S. 125 fertigen Schlüsselbretter aus alten Büchern (20 €) und u. a. Eierbecher aus Vinylplatten (7,50 €, Marktstr. 114).

37 Hanseatisches Understatement Montblanc klingt alpin, aber der edle, puristisch schwarz-goldene Füller »Meisterstück« wird seit

Handgearbeitete Buchschlüsselbretter

1924 in Hamburg gefertigt – ein Stück hanseatisches Understatement um ca. 750 € in der Montblanc-Boutique › S. 71.

(38) Schönheit am Wasser Seit über 100 Jahren kommt die weltbekannte Nivea-Creme aus Hamburg. Im Nivea-Day Spa › S. 74 gibt es neben nostalgischen Nivea-Blechschildern auch den berühmten blau-weißen Wasserball zu kaufen.

(39) Strandgut vom Elbuferweg Der ewige Wechsel von Ebbe und Flut sorgt für wundersames Strandgut: ein Tau mit Seemannsknoten, ein rätselhaftes Holzschild – vielleicht eine Flaschenpost? › S. 104

(40) St.-Pauli-Souvenir Das echte Totenkopf-Hoodie direkt vom offiziellen Fanladen des legendären Kiezklubs FC St. Pauli gibt es von Montag bis Samstag und vor und nach den Spielen im Millerntor-Stadion (ab 40 €) › S. 124.

...BLEIBEN LASSEN SOLLTEN

(41) Das Meer in Hamburg suchen Auch wenn die Insel Neuwerk im Nationalpark Hamburgisches Wattenmeer zu Hamburg gehört › S. 150, ist die Nordsee vom Hamburger Rathaus über 100 km, die Ostsee 84 km entfernt.

Mobile aus Strandgut und die Containerbrücken von Waltershof in der Ferne

42 Hamburgs Stadtkern per Auto erkunden Viel zu schade, im innerstädtischen Verkehrsgewühl die Zeit mit Parkplatzsuche zu vergeuden. City-Parken ist teuer. Die öffentlichen Verkehrsmittel fahren häufig und StadtRAD-Stationen sind im Innenstadtbereich immer in der Nähe › S. 30.

43 Sturmflutwarnungen ignorieren Keine Sorge, gegen Sturmfluten ist Hamburg gut gewappnet. Aber Achtung: Bei Sturmflutwarnung nie ein Fahrzeug auf niedrig gelegenen Parkplätzen (Warnschilder weisen darauf hin) abstellen – da kann das Wasser ein paar Meter hochsteigen.

44 Glasflaschen auf dem Kiez Unfälle durch alkoholisierte Randalierer auf St. Pauli führten zum Verbot von Getränkebehältnissen aus Glas an Wochenenden. So wird der Kiez für alle sicherer › S. 116.

45 In der Alster baden Wenn auch Triathleten bei Wettkämpfen die Alster durchschwimmen – sonst geht niemand in dieses eher schlammige Wasser – man macht es einfach nicht.

46 Kiez zur falschen Stunde Die Reeperbahn › S. 118 ist tagsüber eine einfache Durchfahrtsstraße, erst spät am Abend steigen die Kiezfeten, sonntags so gut wie nie.

47 Ohnsorg-Theater auf Platt Das Theater › S. 136 pflegt die niederdeutsche Sprache, oft ist man ohne Plattdeutschkenntnisse verloren.

Im Internet anmelden, losfahren

Verständlicher wird's, wenn das Ensemble »Missingsch« spricht, einen Mix aus Hoch- und Plattdeutsch.

48 Falsche Richtung in der Sierichstraße In dieser Einbahnstraße G1–H2 östlich der Außenalster wechselt die Fahrtrichtung, und zwar fährt man von 12 Uhr mittags bis 4 Uhr morgens stadtauswärts, ab 4–12 Uhr mittags stadteinwärts.

49 Achtung Nepp Das eine oder andere Lokal auf St. Pauli › S. 116 hat sehr hohe Preise. Besser vor dem Bestellen in die Karte schauen!

50 Überkandidelt sein Sich mit auffallendem Luxus, extravagantem Auto oder überheblichem Verhalten brüsten, tolerieren die Hamburger zwar locker, kommt bei ihnen aber nicht so gut an.

Vom Fähranleger geht's direkt in die Alte Fischauktionshalle

REISEPLANUNG & ADRESSEN

DIE STADTVIERTEL IM ÜBERBLICK

In Hamburg schmeckt die Luft nach Weltmeer. Enormes Fernweh weckt die grandiose Hafenkulisse.

Containerriesen, Frachtschiffe, Kreuzfahrtschiffe kommen und gehen, 24 Stunden am Tag. Schlepper- und Lotsenboote tanzen auf der Elbe. Dem Hafen, heute einer der größten der Welt, verdankt Hamburg beinahe alles. Dabei liegt er nicht einmal am Meer. Noch 104 km fließt die Elbe bis zur Mündung in die Nordsee. Dass Hamburg oft als schönste Großstadt Deutschlands gerühmt wird, kommt nicht von ungefähr. Anders als in anderen Metropolen lässt die großzügige Bebauung viel Raum. Keine andere Stadt besitzt so viele Parks und Grünflächen wie Hamburg, dazu kommen die Elbe und die Alster mit ihren idyllischen Seitenkanälen und Fleeten.

Ohne den Beitrag der weltgewandten und geschäftstüchtigen Kaufleute hätten jedoch weder der Hafen noch die Stadt ihre tatsächliche Bedeutung erlangt. Nicht nur Norddeutsche, sondern auch viele Zuwanderer aus nahen und fernen Ländern der Welt trugen und tragen weiterhin zu diesem Erfolg bei. Sie alle haben Hamburg in jeder Beziehung ihren Stempel aufgedrückt.

DIE CITY

Handelshäuser, Banken, Reedereien und stattliche Kontorhäuser prägen das Straßenbild in der **Innenstadt**. Vor allem die Kaufleute waren es, die mit ihrem Geschäftssinn Hamburg auch nach seinen schlimmsten Zerstörungen immer wieder auf die Beine halfen, zum Beispiel nach dem Großbrand 1842 und gut 100 Jahre später nach dem Bombenhagel im Zweiten Weltkrieg, der fast 50 % des städtischen Wohnraums in Trümmer legte.

Geschäftsgeist gepaart mit Bürgersinn und Aufgeschlossenheit für Neues legten den Grundstein für das moderne Stadtbild von heute. Die stolzen Geschäfts- und Kontorhäuser in der City zeugen vom Wohlstand der Unternehmen. Der enorme Aufschwung der Hansestadt nach der Öffnung des Eisernen Vorhangs, der vom Zweiten Weltkrieg bis Ende der 1980er-Jahre Hamburgs Aktionsradius Richtung Osteuropa nahezu gekappt hatte, füllte ab 1990 so manche innerstädtische Baulücke innerhalb kürzester Zeit mit modernen Bürogebäuden. Bummelt man durch die überschaubare City, trifft man auf einen interessanten Mix aus gediegenen, oft brillant restaurierten Altbauten und moderner Architektur. Schön aufgelockert präsentiert sich das alles: einladende Schaufensterfronten entlang edel gepflasterter Straßen, Cafés mit Blick auf jahrhundertealte Fleete und das Juwel der Binnenalster. Shopping im Dreieck zwischen Hauptbahnhof, Rathaus und Gänsemarkt gehört zu den liebsten Beschäftigungen der Hamburg-Besucher.

Der Sandtorpark in der HafenCity

ELBE UND HAFEN

Schaut man vom Elbufer auf den Hafen, dann sind die Ozeanriesen, Docks und Containerbrücken zum Greifen nahe. Zu einem runden Hamburg-Programm gehört eine Hafenrundfahrt ebenso dazu wie der Besuch des sonntäglichen Fischmarkts mit seinen Marktschreiern. Die Fleete der Altstadt und die Deichstraße erinnern noch an das Kaufmannsleben vergangener Zeiten. Wo hinter den malerischen Backsteinfassaden der Speicherstadt einst Teppiche, Kaffee und Gewürze zollfrei lagerten, locken heute originelle Museen und Ausstellungen täglich Tausende Besucher an.

An der Elbe und im Hafen verändert sich die Stadt derzeit am schnellsten. In der HafenCity entstehen immer noch völlig neue Wohnviertel entlang früherer Kais, während an der Großen Elbstraße kühne Glaspaläste und stylische Feinschmeckertempel das Elbufer säumen. Das Ein- und Auslaufen großer Kreuzfahrtschiffe wie der *Queen Mary 2* lockt immer wieder Zehntausende an den Hafenrand. Genauso begeistert feiern die Hamburger ihren Hafengeburtstag im Mai mit einer grandiosen Einlaufparade von über 100 Schiffen und Großseglern. Ein Spaziergang auf dem Elbuferweg zeigt einen markanten Ausschnitt hamburgischen Lifestyles: stattliche Villen, buntes Strandleben, Beachklubs und sattgrünes Naturidyll.

Die zentralen **Inseln im Elbtal** östlich des Hafens gerieten dank der Internationalen Bauausstellung (IBA) 2013 und der Internationalen Gartenschau (igs) nicht nur in den Fokus von Architektur-, Stadtplanungs- und Gartenbaufachleuten, sondern waren wegen der zahlreichen praktischen Alltagslösungen für eine multikulturelle Metropole ebenso Ziel von jeder-

Sonntagmorgens ist Fischmarkt bei jedem Wetter

mann. Auch bei vielen Hamburgern weckte »Der Sprung über die Elbe« ein neues Bewusstsein für die vielseitigen Stadtteile Veddel, Wilhelmsburg oder Harburg.

Das Elbtal mit seiner Landwirtschaft und Hafenindustrie, den alten durchgrünten Industriearbeitervierteln oder den rasch hochgezogenen Multikulti-Wohnblocks ist mit überzeugenden stadtplanerischen Ideen und ganz viel Bürgerengagement zu einem Magnet für interessierte Besucher geworden – die Ausstellungsevents von 2013 waren nur der Anfang. Ein Giftmüllhügel ist nun »Energieberg« mit grandioser Aussicht, der hässliche Wilhelmsburger Flakabwehrturm aus dem Zweiten Weltkrieg inzwischen ein Energiebunker zur Versorgung von Tausenden von Haushalten und das kunstvoll designte Gartenschaugelände jetzt ein gemütlicher Stadtpark mit großem Sportangebot. Zusammen mit ökologisch stimmigen Neubauten und modernisierten Sozialwohnungen bleibt das Gebiet zwischen Norder- und Süderelbe ein spannendes Entwicklungsprojekt, ein Eldorado für alle, die nach aktuellen Vorbildern für städtisches Bauen suchen.

WESTLICH UND ÖSTLICH DER ALSTER

Oberhalb des Hafens ist St. Pauli kaum mehr wiederzuerkennen. Aus dem einst verruchten Hort für Seeleute ist eine allseits beliebte Vergnügungsmeile mit Kultstatus geworden. Zwischen Operettenhaus und schrägen Bühnen wie Schmidt-Theater und Schmidts Tivoli, schnieken Hotels und Restaurants ist immer weniger Platz für Schmuddelbars und Bordelle. Samstagabends brummt der Kiez. Hamburgs Westen hat viele und vor allem viele junge trendige Gesichter. Da ist das hippe Karoviertel und der besonders bei jungen Leuten angesagte Stadtteil Sternschanze mit seiner alternativen Szene, coolen Bistros, Restaurants und modernen Coffee-Lounges.

Ganz anders dagegen die noblen Wohnviertel in Alsternähe zwischen Univiertel und Eppendorf. In den eleganten Villen, Häusern und Edelboutiquen von Harvestehude und Pöseldorf ist unübersehbar feine Hamburger Lebensart zu Hause.

Beschaulich gibt sich Hamburg **östlich der Alster**. Nicht weit vom Hauptbahnhof befinden sich entlang der »Kunstmeile« zwischen Alster und Elbe die meisten Kunstmuseen, Galerien und Ausstellungshallen. Die Wohnreviere Uhlenhorst und Winterhude sind nicht ganz so feudal wie auf der Westseite, aber üppig begrünt und von idyllischen Alsterkanälen durchzogen. Fahrten mit der weißen Flotte der Alsterbarkassen eröffnen schöne Aussichten auf Villen und prächtige Bürgerhäuser. Die Parks und breiten Grünstreifen am Alsterrand sind Ruheinseln nach anstrengenden Stadtrundgängen. Sportliche Besucher können hier gut um die Alster joggen, sich ein Boot oder ein SUP-Board mieten.

HAMBURGS UMLAND

Die nähere und weitere Umgebung bietet äußerst abwechslungsreiche Gelegenheiten für Tagesausflüge. Von der Nord- und Ostsee ist Hamburg jeweils nur eine Tagestour entfernt. Verbinden Sie einen Ausflug ins mittelalterliche **Lübeck** (UNESCO-Welterbe) mit einem schönen Strandspaziergang in Travemünde. Die urwüchsige **Lüneburger Heide** ist nicht nur zur Heideblütezeit im August ein erholsames Ausflugsziel. Besonders zur Obstblüte im Mai werden Sie auf einer Tour ins **Alte Land** mit einem unbeschreiblichen Blütenmeer belohnt. Das Städtchen **Stade** lässt das Hafenstadtflair längst vergangener Zeiten aufleben. Oder genießen Sie ein echtes Hochsee-Erlebnis auf einer Tagesfahrt zur Felseninsel **Helgoland** in der Nordsee.

KLIMA & REISEZEIT

Westwinde mit Meeresluft bescheren Hamburg eher milde Temperaturen und halten sommerliche Hitze in Grenzen.

Die durchschnittliche Temperatur liegt im Juli bei knapp 18 °C. Oft fegt eine frische Brise die Großstadtluft rein. Das berüchtigte Hamburger Schmuddelwetter, anhaltender Nieselregen mit Nebel, ist selten, vielmehr ist das Wetter ziemlich wechselhaft. Den durchschnittlich 773 mm Niederschlag pro Jahr stehen über 1550 Sonnenstunden im Jahr gegenüber, das Jahres-

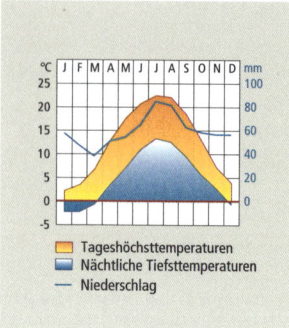

mittel der Temperaturen liegt in der Stadt bei 10 °C.

Wer Hamburg in seiner schönen grünen Pracht erleben möchte, sollte zwischen April und Oktober kommen. Die Hafen-, Kultur-, Kongress-, Event-, Shopping- und Sportstadt Hamburg hat jedoch ständig Hauptsaison. Besondere Magneten sind der Hafengeburtstag im Mai › S. 101 und die Weihnachtsmärkte im Dezember.

ANREISE

MIT DEM FLUGZEUG

Der Hamburg Airport (Tel. 50 75-0, www.hamburg-airport.de) liegt nur 8 km nördlich vom Zentrum entfernt. Die S-Bahn S1 fährt alle 10 Min. zwischen Flughafen und Hauptbahnhof, vor 6 und nach 23 Uhr alle 20 Min. (Fahrtdauer 25 Min.). Zusätzlich verkehren Linienbusse in die verschiedenen Stadtteile.

Taxistände befinden sich vor allen Terminals; die Fahrt in die City dauert rund 30 Min. und kostet ca. 25 €.

Die Große Hafenrundfahrt ist mit kleinen Barkassen am schönsten

MIT DER BAHN
Hamburg ist über vier Fernbahnhöfe an das ICE-/IC-Netz angebunden. Hamburg-Hauptbahnhof liegt im Zentrum, je nach Route halten die Züge auch in Hamburg-Harburg (nicht alle ICEs), Hamburg-Dammtor (Messe und Congress Centrum) und Hamburg-Altona.

MIT DEM BUS
Der moderne Bus-Port Hamburg (ZOB) liegt in unmittelbarer Nähe des Hauptbahnhofs an der Adenauerallee 78, 20097 Hamburg (Tel. 24 75 76, www.zob-hamburg.de). Einige Fernbuslinien steuern Hamburg an, wobei Flixbus derzeit die meisten Fahrten pro Tag und die besten Tarife bietet (www.flixbus.de).

MIT DEM AUTO
Hamburg ist von Süden und Norden über die A 7, von Südwesten über die A 1, von Osten über die A 24 erreichbar. Ein Parkleitsystem führt zu den Halteplätzen in der City (www.hamburg.de/parken).

MIT DEM SCHIFF
Kreuzfahrtschiffe machen am **Hamburg Cruise Center** in der HafenCity, auf Steinwerder oder am Terminal Altona fest (Tel. 30 05 13 93, www.hamburgcruise.net).
 Der City-Sporthafen hat Liegeplätze für Gäste mit eigenem Boot (Tel. 36 42 97, www.citysporthafen.hamburg).

STADTVERKEHR

ÖFFENTLICHE VERKEHRSMITTEL
In der der Metropolregion Hamburg sind die meisten Busse, Regionalzüge, Schnellbahnen (U-, S-Bahn und Regionalverkehrslinien) sowie die Hafenfähren der HADAG dem Hamburger Verkehrsverbund (HVV) angeschlossen (U- und S-Bahnplan › Umschlag hinten). Fahrkarten sind bei Busfahrern, an Automaten und in Servicebüros sowie als Handy-Ticket erhältlich. Tageskarten rechnen sich ab drei Fahrten pro Tag. Preiswerter ist die 9-Uhr-Tageskarte, sie gilt aber nicht von 6–9 Uhr morgens. Fahrplanauskunft rund um die Uhr gibt es unter Tel. 1 94 49 und im Internet www.hvv.de.
 In den Schnellbahnen und einigen Bussen dürfen **Fahrräder** kostenlos mitgeführt werden, ausgenommen an Werktagen von 6–9 und 16–18 Uhr (Hamburger Sommerferien ganztägig). Hafenfähren transportieren Fahrräder jederzeit. In den Regionalbahnen ins Umland sind HVV-Fahrradkarten (3,50 €) vorgeschrieben, diese gelten ganztägig.

RUNDFAHRTEN UND -GÄNGE

STADTRUNDFAHRTEN
Ab Hauptbahnhof/Kirchenallee und ab Landungsbrücken 1–4 starten Stadtrundfahrten meist in Doppeldeckerbussen (April–Okt. tgl. alle halbe Stunde 9.30–17 Uhr, in den übrigen Monaten stündlich Mo bis Fr 10–16, Sa/So/Fei 9.30–16 Uhr). Erkundigen Sie sich nach der Route und am besten nach Tagestickets mit verschiedenen Aus- und Zustiegsmöglichkeiten. Durch den Hafen und über die **Köhlbrandbrücke** > S. 109 fahren:

- **Elbufer-Tour** > S. 110
  ab/bis Landungsbrücken 1–2
  Mai–Sept. So 12 Uhr
- **Hafentour** > S. 110
  ab/bis Ⓤ Hafencity Universität, Überseeallee, gegenüber HCU April–Okt. Di 14, Mi und Fr 16, Sa/So 9.30 und 14, sonst Sa 9.30 und 14, So 14 Uhr.

THEMATISCHE STADTRUNDGÄNGE
- **Hamburger Stadtrundgänge**
  Themenführungen, z. B. »Kontorhäuser« oder »Planten und Blomen«.
  April–Okt., Beginn siehe Programm, Dauer ca. 2 Std.
  www.hamburger-gaestefuehrer.de
- **Stattreisen Hamburg**
  Thematische Rundgänge werden im Sommer regelmäßig veranstaltet, z. B. Fr–Sa 20 Uhr »St. Pauli Quickie«, Sa 19 Uhr »Die Beatles auf St. Pauli« sowie Kontorhausviertel & Speicherstadt und die Hafencity Mi–So 15 Uhr,
  Tel. 87 08 01 00
  www.stattreisen-hamburg.de
- **Touristjogging**
  Joggingtouren durch Hamburg, bei denen es im Laufschritt an den Sehenswürdigkeiten vorübergeht.
  Tel. 4 39 87 80
  www.touristjogging.de

AMPHIBISCH: DER HAFENCITY RIVERBUS
Für Rundfahrten in der Hafenstadt Hamburg wie geschaffen: Der schicke Reisebus ist ein Amphibienfahrzeug und der Busfahrer hat ein Kapitänspatent. Von den Straßen der Speicherstadt tourt er durch die HafenCity, und im Grünen, jenseits der Elbbrücken, rauscht der Alleskönner durch die Elbfluten.

- **HafenCity RiverBus**
  ab/bis Brooktorkai 16 (Speicherstadt), Tourdauer 1 Std. 10 Min., davon 40 Min. zu Lande, 30 Min. zu Wasser; Anfang Feb. bis Ende Dez. tgl. bis zu 5 Abfahrten, ab 10/11 Uhr. > **mehr S. 16 Punkt ㉘**
  Tel. 76 75 75 00
  www.hafencityriverbus.de

DURCH HAMBURG RADELN ODER RADELN LASSEN
Rasch vorankommen und Hamburgs erstaunliche Vielfalt intensiv kennenlernen geht am besten per Fahrrad. In 3–4 Stunden bekommt man die wichtigsten Highlights an Elbe und Alster ganz gut in den Griff. Bei geführten Radtouren profitiert man vom profunden Wissen der Guides, das sie mit Witz und großer Liebe zur Hansestadt vermitteln; eine Auswahl findet man

Eine Stadtrundfahrt garantiert neue Perspektiven auf Höhepunkte und Kleinode

unter www.hamburg.de/gefuehrte-radtouren.

Wer nicht selbst in die Pedale treten möchte, kann sich abgasfrei durch die Stadt radeln lassen: Velotaxis machen's möglich. Das ist teurer und langsamer, aber gemütlich – am besten zu zweit – u. a. unter pedalotours.de/rikscha, www.hamburg-by-rickshaw.de.

HAMBURG MIT DEM SCHIFF ERLEBEN

Elbe und Alster per Schiff – da zeigen sich zwei ganz und gar verschiedene Seiten der Millionenstadt: Hafenrundfahrten und Fahrten auf der Elbe mit Ausflugschiffen › S. 98 oder öffentlichen Fähren auf der Elbe › S. 100 vermitteln Welthafenatmosphäre mit lebhaftem Hafenbetrieb und Schiffsverkehr.

Ganz anders die Rundfahrten und Bootstouren auf der Außenalster mit ihren idyllischen Seitenkanälen, sie lenken den Blick auf die beschaulicheren und sportlicheren Seiten der Hansestadt, auf das viele Grün, die gediegene Wohnkultur und die beliebten Freizeitreviere der Hamburger.

Statt sich fahren zu lassen, kann man die Alster und ihre Kanäle selbst sportlich mit einem Paddel-, Ruder- oder Tretboot erkunden › S. 138, 142.

SPORT & AKTIVITÄTEN

Viele Sportbegeisterte zählt Hamburg. Weit mehr als eine halbe Million sind Mitglieder in über 800 Sportvereinen; sportbegeistert sind aber auch Nicht-Aktive bei riesigen Public-Viewing-Events. Fakt ist jedoch: Sportliche Leute sind hier Tag und Nacht unterwegs: joggend, paddelnd, tanzend, angelnd, golfend usw.

RADFAHREN
Über 1000 km Radwege erleichtern die Stadterkundung.

Twietenkieker
Organisiert geführte Extratouren mit dem Rad in kleinen Gruppen.
- Tel. 01 76/48 85 39 11
  www.twietenkieker.de

StadtRAD
Ein schickes StadtRAD erhält man in ca. 220 Verleihstationen in allen Hamburger Bezirken: Per Internet oder Telefon anmelden, an der Station durch Identifikation (EC- oder Kreditkarte) auf dem Touchscreen den Code erhalten, das Schloss öffnen und losfahren. Zu haben für 8ct/Minute oder max. 12 € pro Tag.
- Tel. 822 188 100 | stadtrad.hamburg.de
  > mehr S. 19 Punkt 42

GOLF
Hamburg ist eine Golfermetropole – mehr als 30 000 Menschen spielen hier auf rund 40 Anlagen, von denen sich die meisten im Umland befinden. Auf der Website www.golfverband-hamburg.de findet man ein Verzeichnis aller Klubs und Infos zum Golfsport im Hamburger Raum. Relativ zentral, nahe den Norderelbbrücken, liegt die Golf Lounge. Hier kann man ganzjährig ohne Mitgliedschaft und ohne Dresscode auf der Driving Range trainieren, bezahlt wird nach Bällen.

Golf Lounge
- Billwerder Neuer Deich 40
  Rothenburgsort | Tel. 81 97 87 90
  www.golflounge.de

ANGELN
Unter Petrijüngern gilt Hamburg als beste Angelstadt Deutschlands. Besonders reizvoll sind Angelplätze an der Elbe. Kenner schwören auf Hafenbecken und Kanäle, wo je nach Tide Zander, Brasse oder Aal anbeißen. Die Alster und ihre Seitenarme sind Revier für Karpfen, Barsch, Rotauge oder Hecht. In der Gewässerkarte für die Angelfischerei sind die freien Gewässer ausgewiesen; hier darf mit gültigem Jahresfischereischein geangelt werden.

Adventure Fishing J6
- Basedowstr. 12 | Rothenburgsort
  Tel. 25 19 82 51
  www.adventure-fishing-store.com

Angelsportverband (ASV)
- Tel. 0152/34 18 41 24
  www.hamburger-angler.de
  Mo–Fr 18–20 Uhr

DER VOGELZWITSCHERER

War es die Nachtigall oder die Lerche? In Hamburg hätten Romeo und Julia gute Chancen gehabt, Vogelstimmen sicher zu erkennen! Uwe Westphal wäre ihr bester Lehrer gewesen: Der promovierte Biologe ist ein begnadeter Leiter von vogelkundlichen Exkursionen. Dabei weiß er seine Kenntnis der Vogelwelt sehr einfühlsam auszudrücken: Schon als Kind begann er, die Stimmen seiner gefiederten Freunde nachzuahmen. Wer meint, das sei doch leicht, versuche selbst einmal, nur das Krächzen einer Rabenkrähe zu treffen! Und dann erst das melodiöse Schmettern von Buchfink und Singdrossel oder gar das unheimliche Gesurre von Nachtschwalben! Mit seinem Repertoire von 200 täuschend echten Tierlauten kann ihm hierzulande keiner das Wasser reichen. Kein Wunder, dass Dr. Westphal als viel bewunderter »schräger Vogel« in Vortragssälen und Fernsehsendungen als Tierstimmenimitator gefragt ist. So verblüffend es ist, wenn er die Natur akustisch ins kahle TV-Studio holt und das Publikum damit zum Lachen bringt, so fundiert und für alle verständlich informiert er dann ganz locker über die komplexe Natur.

In Hamburg und Umgebung erlebt man ihn bei seinen Naturführungen, Auftritten oder Lesungen. Ein besonderer Leckerbissen in Hamburgs Südwesten ist seine eindrucksvolle Wanderung durch die Fischbeker Heide, ein geheimnisvolles Wald- und Heideland, wo u. a. die seltenen Nachtschwalben zu Hause sind. Sind die Zugvögel bereits abgereist, könnte Dr. Westphal kurz mal einspringen …

Seine interessanten Bücher und Hörbücher wenden sich häufig an Laien. Was die Bücher so wertvoll

Die Wasserkunst Elbinsel Kaltehofe ist heute Vogelparadies, Industriedenkmal und Museum

macht, sind die vielen praktischen Tipps, die helfen, die Natur zu verstehen und zu schützen.

Seit Jahrzehnten unterstützt Dr. Westphal den Naturschutzbund (NABU) in Hamburg. Als Stargast tritt er auf der jährlichen Messe für Vogelfreunde auf, der HanseBird, die sich sowohl an Laien, darunter viele Familien, wie auch an Ornithologen wendet. Der Standort für diesen Event ist passend gewählt: eine künstliche Elbinsel, die 1893–1979 der Hamburger Trinkwasseraufbereitung diente. Die Anlagen der Wasserkunst Elbinsel Kaltehofe mit 22 Filterbecken und malerischen Schieberhäuschen fielen dann für Jahrzehnte in einen Dornröschenschlaf und entwickelten sich zu einem Garten Eden, insbesondere für die Vogelwelt. Im 21. Jh. verwandelte man einen Teil dieses Industriedenkmals in ein Museum und bezog behutsam die grüne Umgebung mit ein. Dieses naturnahe Paradies liegt nur 2 km östlich der HafenCity; Radler auf dem Elberadweg durchqueren die stille Insel Kaltehofe, bevor sie jenseits der Norderelbbrücken wenige Minuten später – erstaunt – in Hamburgs Großstadt- und Hafenwelt eintauchen. Auf geniale Weise vermag Uwe Westphal bei seinen Führungen und Vorträgen die Sinne zu öffnen für die in Hamburg so charakteristische enge Verzahnung von Natur und menschlichen Eingriffen in der Stadtlandschaft.

Mit der Aktion »Was singt denn da?« machen auch Ehrenamtliche des NABU alle Interessierten auf kostenlosen Gebietsführungen mit der hiesigen reichen Vogelwelt vertraut. Die Millionenstadt Hamburg ist Deutschlands vogelreichstes Stadtrevier: Über 160 Vogelarten ziehen auf dem Gebiet der Hansestadt ihre Jungen groß. Außerdem lassen sich hier eine Fülle von Wintergästen und Durchzüglern beobachten. In Parks wie Planten un Blomen, auf Friedhöfen oder in Wildnisarealen wie dem Duvenstedter Brook kann man dank der NABU-Initiative die Natur der gesamten Stadt und ihre Vogelwelt kennenlernen. Zwischen April und Juni gibt es fast täglich kostenlose Führungen, sporadisch auch im übrigen Jahr.

Dr. Westphals Veranstaltungen, Bücher und CDs:
www.westphal-naturerleben.de
- **HanseBird:**
Jährlich an einem Wochenende Mitte-Ende Juni auf dem Gelände der Wasserkunst Elbinsel Kaltehofe.
www.hansebird.de
- **Wasserkunst Elbinsel Kaltehofe**
Das Gelände außerhalb des Museumsareals ist permanent zugänglich.
Kaltehofe Hauptdeich 6-7
Rothenburgsort | Tel. 788 84 99 90
wasserkunst-hamburg.de
Mai–Okt Di–So 10–18, sonst
Sa/So 10–17Uhr | Eintritt 5,50 €
- **Mit NABU-Experten auf der Vogelspur in ganz Hamburg:**
Klaus-Groth-Str. 21 | Borgfelde
Tel. 697 08 90
Infozentrale Di–Do 14–17 Uhr
Programm: https://hamburg.nabu.de/tiere-und-pflanzen/aktionen-und-projekte/was-singt-denn-da/index.html

UNTERKUNFT

Das Hotelangebot ist riesig und jährlich kommen neue Unterkünfte dazu. In der folgenden Auswahl ist für jeden Geschmack und jeden Geldbeutel etwas dabei, weitere Unterkünfte finden Sie über das Internet.

Hamburg bietet darüber hinaus einige besonders außergewöhnliche Herbergen, originell gestaltete Designhotels und ausgefallene Quartiere wie Kajüten auf dem Museumsschiff *Cap San Diego*. Da das ganze Jahr über Saison ist, empfiehlt es sich, die Unterkunft einige Wochen im Voraus zu buchen, vor allem für die Wochenenden. Über das Internet finden Sie die besten Tagespreise.

DIE WICHTIGSTEN ADRESSEN
- www.hamburg-tourism.de
- travel.hamburg-tourism.de
  Tel. 040/30 05 17 01
  Mo-Sa 9-19 Uhr
- www.trivago.de
- www.hrs.de
- www.booking.com

TOP-HOTELS

Ameron Hamburg Hotel Speicherstadt
€€-€€€ 🔖 G6
Moderner Luxus in vier verschiedenen Kategorien im Welterbe-Ambiente.
- Am Sandtorkai 4 | City
  Tel. 638 58 90
  www.ameronhotels.com

Grand Elysee €€-€€€ 🔖 F4
Beliebtes Businesshotel in Fußweite zum Congress Centrum und zur Alster.
- Rothenbaumchaussee 10 | Univiertel
  Tel. 41 41 20
  www.grand-elysee.com

The Madison €€-€€€ 🔖 F5
Komfortable, praktische Zimmer mit perfektem Service, ruhige Lage nahe dem Michel; schickes Fitnessstudio nebenan.

- Schaarsteinweg 4 | Neustadt
  Tel. 37 66 60
  madisonhotel.de

The George €€ 🔖 H4
Britisches Flair mit kolonialen und modernen Einflüssen, Dachterrasse mit grandiosem Alsterblick.
- Barcastraße 3 | St. Georg
  Tel. 280 03 00
  www.thegeorge-hotel.de

DESIGNHOTELS

Henri Hamburg Downtown
€€-€€€ 🔖 G5
Individuell gestaltete Zimmer mit wohnlicher Retro-Atmosphäre.
- Bugenhagenstr. 21 | City
  Tel. 554 35 75 70
  www.henri-hotels.com

Pierdrei €€ 🔖 G6
Familienfreundliches Haus mit Spielanlagen, grüner Dachterrasse, Outdoor-Wohnwagen zum Schlafen, Funsport-Verleih und drei Kinos.
- Am Sandtorkai 46 | HafenCity
  Tel. 226 16 24 99
  www.pierdrei-hotel.de

Modernes Interieur im 25 Hours Hotel HafenCity

Boutique 072 Hamburg St. Georg
€–€€ 📕 H4
Frisches, kleines Hotel im Szenestadtviertel mit bodentiefen Fenstern in technisch gut ausgestatteten Zimmern.
- Brennerstr. 72 | St Georg
  Tel. 280 88 80
  www.centro-hotels.de

Prizeotel Hamburg City €–€€ 📕 H5
Junges cooles und erfrischend buntes Design im Hotel als auch in den Zimmern und guter Komfort für wenig Geld.
- Högerdamm 28 | Hammerbrook
  Tel. 63 79 96 66 | www.prizeotel.com

Superbude St. Georg € 📕 H5
Pfiffiges Design, erfrischender Stil, gut für Familien und Backpacker.
- Spaldingstr. 152 | City-Süd
  Tel. 3 80 87 80 | www.superbude.de

KOMFORTHOTELS
Stadthaushotel Altona €€ 📕 D4
Familiäres, freundliches Mittelklassehotel.
- Holstenstr. 118 | Tel. 389 92 00
  www.stadthaushotel.com

Hotel Wedina €€ 📕 H4
Fünf heimelige Häuser mit schön gestalteten Zimmern in fünf unterschiedlichen Kategorien in einer Wohnstraße in St. Georg mit Garten und Bibliothek.
- Gurlittstr. 23 | St. Georg
  Tel 2 80 89 00
  www.hotelwedina.de

Baseler Hof €–€€ 📕 G4
Bequeme Zimmer ohne Schnickschnack, nahe Binnenalster und Oper; renommiertes Restaurant.
- Esplanade 11 | Neustadt
  Tel. 35 90 60 | www.baselerhof.de

Hotel Vorbach €–€€ 📕 F3
Liebevoll eingerichtete Zimmer in hanseatischem Bürgerhaus von 1910 im Univiertel.
- Johnsallee 63-67 | Rotherbaum
  Tel. 44 18 20 | www.hotel-vorbach.de

Scandic Emporio Hamburg €–€€ F4
Skandinavisch legeres Ökohotel in ruhiger Citylage mit Restaurant und Bar. Auch für Familien geeignet.
- Dammtorwall 19 | Neustadt
  Tel. 4 32 18 70
  www.scandichotels.de/hamburg

PREISWERTE UNTERKÜNFTE

Deutsche Seemannsmission € F5
83 einfach eingerichtete Zimmer, auch für Nicht-Seeleute in Hafennähe.
- Krayenkamp 5 | City
  Tel. 37 09 60
  www.seemannsheim.hamburg

Instant Sleep € D4
Backpacker-Hostel im Schanzenviertel mit Ein- bis Zwölf-Bett-Zimmern und Selbstversorgerküche.
- Max-Brauer-Allee 277 | Altona
  Tel. 43 18 01 80 | www.instantsleep.com

Schanzenstern € C5
Familienfreundliches Ökohotel mit Bio-Restaurant nahe Bahnhof Altona.
- Kleine Rainstraße 24–26 | Altona
  Tel. 39 91 91 91 | schanzenstern.com

**Jugendherberge
Auf dem Stintfang** € E5
Tolle Lage oberhalb der Landungsbrücken mit Hafenblick. Früh reservieren!
- Alfred-Wegener-Weg 5 | St. Pauli
  Tel. 5 70 15 90
  www.jugendherberge.de

Zimmervermietung Krantz € E5
Zwei-, Vier- und Sechs-Bett-Zimmer in einer Seitenstraße der Reeperbahn, sauber und freundlich.
- Detlev-Bremer-Str. 44 | St. Pauli
  Tel. 31 51 12 | www.buch-ein-bett.de

CHARMANT ÜBERNACHTEN

- **Mövenpick Hotel Wasserturm** €€€
  E3/4 > S. 124
  Originelle Architektur und komfortable Zimmer in einem ehemaligen Wasserturm, Messenähe.
  Sternschanze 6 | Tel. 3 34 41 10
  www.movenpick.com

- **SIDE** €€€ F4
  Atriumbau aus Glas und Naturstein. Angesagtes Restaurant.
  Drehbahn 49 | Tel. 30 99 90
  www.side-hamburg.de

- **East Hotel** €€–€€€ E5
  Spannendes Design in historischer Eisengießerei kombiniert mit einem Hauch Fernost.
  Simon-von-Utrecht-Str. 31
  St. Pauli | Tel. 30 99 30
  www.east-hamburg.de

- **25 Hours Hotel HafenCity**
  €€–€€€ G6
  Cooles Designhotel in der HafenCity.
  Überseeallee 5 | Tel. 2 57 72 55
  www.25hours-hotels.com

- **Gastwerk** €€ B4
  Eingebettet in einen Backsteinindustriebau, in der Modeszene beliebt.
  Beim Alten Gaswerk 3 | Altona
  Tel. 89 06 24 85
  www.gastwerk.com

- **Museumsschiff Cap San Diego** €€ F6 > S. 96
  Drei Kabinen auf dem Schiff mit gediegen schlichtem Mobiliar.
  Überseebrücke | Tel. 36 42 09
  www.capsandiego.de

ESSEN & TRINKEN

Hamburg ein Feinschmeckerparadies? Ja, das ist es, entgegen vieler Vorurteile. Die Stadt hat zehn Sterneköche, darunter einen mit drei und drei Küchenchefs, die mit zwei Sternen ausgezeichnet wurden.

Um die vielfältigen Spezialitäten- und Nationalitätenküchen alle auszuprobieren, müssten Sie schon mindestens ein Jahr täglich in Hamburg essen gehen. In den Läden und Lokalen an der **Großen Elbstraße** › S. 100 kann man nicht nur Fisch und Meeresfrüchte in größeren Mengen kaufen, sondern auch günstig und frisch zubereitet essen. Viele Hamburger Restaurants bieten an den Wochentagen einen preiswerten Mittagstisch zwischen 7 und 12 €, so z. B. einige Lokale in der **Langen Reihe** in **St. Georg** › S. 134, nur wenige Schritte vom Hauptbahnhof und der Museumsmeile entfernt, und auch rund um den **Großneumarkt** › S. 83.

Wenn Sie in **St. Pauli** › S. 116 ausgehen, dann lohnt es sich, ein, zwei Straßen weg von der Reeperbahn zu suchen, dort findet man ruhigere und preiswertere Lokale mit St. Paulianer Atmosphäre. Nette und preiswerte Restaurants haben sich auch im **Univiertel** › S. 127 angesiedelt, insbesondere im Bereich Grindelallee und Grindelhof.

STERNEKÜCHE

Anna Sgroi €€€
Die gebürtige Sizilianerin und Sterneköchin hat sich mit ihrer exzellenten regionalen Italien-Küche in die Herzen der Pöseldorfer gekocht. Auch der Mittagstisch macht Freude.
• Milchstr. 7 | Pöseldorf
Tel. 28 00 39 30 | www.annasgroi.de
Di-Fr 12-14.30, 19-22.30 Uhr,
Sa 19-22.30 Uhr

Restaurant Haerlin €€€ 🔲 G4
Zwei Sterne erkochte sich Christoph Rüffer vom Traditionshotel Vier Jahreszeiten. Und für Hobbyköche gibt er sein Wissen in Kochkursen weiter.
• Neuer Jungfernstieg 9-14 | City
Tel. 34 94 33 10
restaurant-haerlin.de
Di-Sa 18.30-21.30 Uhr

Jacobs Restaurant €€€
Mit zwei Sternen prämiert ist Thomas Martins französische Küche.
• Elbchaussee 401-403 | Nienstedten
Tel. 82 25 50 | jacobs-restaurant.de

The Table €€€ 🔲 G6
Drei-Sterne-Koch Kevin Fehling begeistert jeweils 20 Gäste an einem geschwungenen Tisch.
• Shanghaiallee 15 | HafenCity
Tel. 22 86 74 22
www.thetable-hamburg.de

NORDDEUTSCHE KÜCHE

Broscheks Restaurant €€ 🔲 F5
In der offenen Showküche zaubern die Köche feine norddeutsche Gerichte.
• Große Bleichen 36 | City
Tel. 34 91 89 35
tgl. 6.30-11, 12-15, 17-22 Uhr

Tim Mälzers Bullerei und Deli

Deichgraf €€ F5
International angehauchte Kreationen und norddeutsche Küche > S. 87.
• Deichstr. 23 | City
Tel. 36 42 08
www.deichgraf-hamburg.de

Vlet an der Alster €€ G5
Draußen Alsterschwäne auf Augenhöhe, drinnen typische Hamburger Gerichte von deftig bis raffiniert.
• Jungfernstieg 7 | City
Tel. 35 01 89 90 | www.vlet-alster.de

AUS ALLER WELT

Matsumi €€€ F/G4
Renommiertes Japan-Restaurant in der City mit umfangreicher Speisekarte.
• Colonnaden 96 | City
Tel. 34 31 25 | www.matsumi.de
So, Mo geschl.

Cantinetta Ristorante Bar €€ G5
Hier wird feine italienische Küche im stylischen Ambiente des eleganten Ameron Hotels in der Speicherstadt serviert.
• Pickhuben 3 | Speicherstadt
Tel. 638 58 90
www.ristorante-cantinetta.de

FARDi Syrian Restaurant €€ H3
Syrische Kochkunst vom Feinsten mit köstlichen Vorspeisen (Mazze) und anregend gewürzten Gerichten.
• Hofweg 72 | Uhlenhorst
Tel. 360 274 40 | fardi-hamburg.de
Mo–Do ab 18, Fr–So ab 17 Uhr

Ashoka €–€€ E5
Indische Gerichte in stilvollem exotischem Ambiente.
• Budapester Str. 25 | St. Pauli
Tel. 31 28 34 | www.ashoka.de
Mi–Mo 17–23 Uhr

Man Wah €–€€ E5
Authentische chinesische Küche auf dem Kiez. Unbedingt probieren sollten Sie die köstlichen gedämpften oder frittierten Dim-Sum-Leckerbissen.
• Spielbudenplatz 18 | St. Pauli
Tel. 3 19 25 11 | 12–2 Uhr

TYPISCH GENIESSEN: FISCH

- **Restaurant Fischereihafen** €€€ C6
  Eine Insel des guten Geschmacks, die auch einer Kutterscholle noch einen besonderen Schliff gibt.
  > S. 102
- **Henssler & Henssler** €€€ D5
  Sushi, Sashimi oder Tempura-Garnelen auf japanische oder kalifornische Art werden hier mit Kreativität und Feingefühl zubereitet. > S. 102
- **Old Commercial Room** €€ F5
  Hier wird Hanseatisch getafelt, von Matjes über Grünkohl bis zum Labskaus, mit Zigarrenklubraum.
  Englische Planke 10 | Neustadt
  Tel. 36 63 19
  www.oldcommercialroom.de
  tgl. ab 12 Uhr
  > mehr S. 14 Punkt ⑪
- **Liman Fisch-Restaurant** €€ H2
  Seit 2011 verwöhnt Gürcan Aksoy in Winterhude anspruchsvolle Gaumen mit frischem Fisch und Meeresfrüchten zu bezahlbaren Preisen.
  Mühlenkamp 16 | Tel. 370 856 53
  liman-fisch.com
- **Brodersen** €–€€ F3
  In gemütlichen Souterrainnischen einer Jugendstilvilla werden Hamburger Gerichte nur aus norddeutschen Zutaten gereicht.
  Rothenbaumchaussee 46
  Rotherbaum | Tel. 45 81 19
  www.restaurant-brodersen.de
  So–Fr ab 12, Sa ab 17 Uhr

Bok € E4
Ausgezeichnete und preiswerte asiatische Küche in mehreren Filialen in Hamburg, gut frequentiert sind die Imbisse in Altona, Holstenstr. 203 und Ottenser Hauptstr. 1 und im Schanzenviertel.
- Schulterblatt 3 | Sternschanze
  www.bokrestaurant.de

LOKALE MIT BESONDERER NOTE

Clouds €€–€€€ E5
Mit großartigem Weitblick gepflegt speisen im 23. Stock der »Tanzenden Türme«. Die Rooftop-Bar **Heaven's Nest** im 24. Stock gehört dazu. > mehr S. 15 Punkt ⑳
- Reeperbahn 1 | St. Pauli
  Tel. 30 99 32 80
  www.clouds-hamburg.de
  Mo–Fr 11.30–14, tgl. 17–23 Uhr

Bullerei und Deli €€ E4
Im legeren Flair der einstigen Viehhallen serviert Tim Mälzer mediterrane Küche.
- Lagerstraße 34 B | Schanzenviertel
  Tel. 33 44 21 10 | bullerei.com
  tgl. ab 11 Uhr

East Restaurant und Bar €€ E5
Atemberaubendes Design mit Ostasien-Touch trifft den Geschmack der Szene.
- Simon-von-Utrecht-Str. 31 | St. Pauli
  Tel. 30 99 33 | www.east-hamburg.de
  Mo–Fr 12–14, tgl. ab 17/18 Uhr.

StrandPauli €€ E5
Einer der Strandklubs an der Elbe: Kurzurlaubsoase mit weißem Sand, Liegestühlen, Barbecue und Cocktails – dazu Musik zum Chillen, Jazz und Tango.
- St. Pauli Hafenstr. 89 | St. Pauli
  Mai–Sept. Mo–Fr ab 11 Uhr,
  So ab 10 Uhr; Winteröffnung s.
  www.strandpauli.de

Tschebull €€ 🍴 G5
Im Levantehaus begeistern Alexander und Yvonne Tschebull zufriedene Gäste mit österreichischen Schmankerln, zeitgemäß interpretiert > S. 66.
- Mönckebergstr. 7 | City
  Tel. 329 647 96 | www.tschebull.de
  Mo–Sa 12–1 Uhr

Tassajara €–€€ 🍴 F1
Hier wird in gepflegt elegantem Ambiente saisonale vegane und lacto-vegetarische Küche serviert.
- Eppendorfer Landstr. 4 | Eppendorf
  Tel. 48 38 01
  www.tassajara.de
  Mo–Sa 11.30–23 Uhr

Teheran €–€€ 🍴 H5
Das ehemalige Zollhäuschen hinter dem ZOB ist eine kulinarische Exklave der Hamburger Iraner.
- Adenauerallee 70 | St. Georg
  Tel. 28 00 89 92
  www.restaurant-teheran.de
  Mo–So 12–23 Uhr

SHOPPING

An der Haupteinkaufsmeile Mönckebergstraße und Spitaler Straße sind die großen Kauf- und Modehäuser zu finden. Je mehr man sich dem Jungfernstieg und seinen Seitenstraßen nähert, desto exklusiver wird das Angebot. Neuer Wall und Große Bleichen sind die Domäne der Nobelmarken.

Die Geschäfte in der Innenstadt sind an Wochentagen meistens ab 10 Uhr geöffnet, abends bis 19 oder 20 Uhr, einige haben Do und Fr bis 21 oder 22 Uhr geöffnet.

Bei einem Bummel über die Flohschanze trifft man gut gelaunte Leute

INTERESSANTE MÄRKTE

- **Fischmarkt** 📘 D5
  Fisch gibt es auch. Gekauft werden aber eher korbweise Obst, Pflanzen und Souvenirs. Tolle Hafenkulisse und Livemusik in der Fischauktionshalle > S. 100.
- **Flohschanze** 📘 E4
  Auf dem Areal der historischen Rinderschlachthalle gibt es Klamotten, Schallplatten, Haushaltsdinge und Kuriositäten zu kaufen.
  Neuer Kamp 1 | Schanzenviertel
  Sa 8–16 Uhr
- **St. Pauli Nachtmarkt** 📘 E5
  Kein gewöhnlicher Lebensmittelmarkt, sondern ein populärer After-Work-Treffpunkt mit Genussstationen für Anwohner und Besucher > S. 118.
  Spielbudenplatz | St. Pauli
  ganzjährig Mi 16–22/23 Uhr
- **Der.Die.Sein.Design-Markt** 📘 G6
  Mode, Schmuck, Fotografie, Malerei und Möbel in frischem Design bekommt man fast an jedem Samstag 11–18 Uhr im Unilever-Haus > S. 91.
  Am Strandkai 1 | HafenCity
- **Kulturflohmarkt** > S. 139
  Am Museum der Arbeit in Barmbek.
  Wiesendamm 3
  April–Anfang Okt. So, Fei 9 bis 16 Uhr
- Exklusiv ist der **Antiquitätenmarkt** auf den Colonnaden in der Innenstadt, fröhlich der **Hof-, Indoor- und Kinderflohmarkt** vom Goldbekhaus in Winterhude; weitere: www.hamburg.de/flohmarkt

MODE

Marktstraße und ihre Nebengassen
Hier im Karoviertel ist das Dorado für Individualisten, die nach extravaganten Stücken Ausschau halten:

Lilit 📘 E4
Schmeichelnde, sinnliche Frauenmode.
- Marktstr. 12 | www.lilit-mode.de

shirtlab 📘 E4
Ungewöhnliche T-Shirts.
- Marktstr. 16
  www.shirtladenmarktstrasse.de

Garment 📘 E4
1960er-Jahre Retro-Look.
- Marktstr. 25 | garmentshop.de/

Herr von Eden 📘 E4
Schicke Männermode.
- Marktstraße 33 | herrvoneden.com

Schuhsalon Grabbe meets Moneypenny 📘 E4
Abgefahrene Markenklamotten, Schuhe.
- Marktstr. 100 | www.schuhsalon.de

Das andere Ende des modischen Spektrums mit feinen Namen der Modewelt wie **Boss** (Nr. 19), **Jil Sander** (Nr. 43), **Ladage & Oelke** (Herrenausstatter, Nr. 11), **Modehaus Unger** (Alteingesessenes Modehaus, Nr. 35) findet man in der City am **Neuen Wall** 📘 F/G5 oder in den **Großen Bleichen** mit **Escada** oder **Karl Lagerfeld** (Nr. 23–27).

Bettina Schoenbach 📘 F4
Damenmode für Business- und Society; zu den Kundinnen zählt unsere Kanzlerin.
- Neue ABC-Str. 1 | City
  bettinaschoenbach.com

WOHNDESIGN
Manufactum 📖 G5
Die guten Dinge – im Chilehaus gibt es u. a. schöne Wohnaccessoires zu kaufen.
- Fischertwiete 2 | City
  www.manufactum.de

Stilwerk 📖 D6
In einer umgebauten Mälzerei sind 28 Geschäfte für exklusives Möbeldesign und Innendekor unter einem Dach vereint.
- Große Elbstr. 68 | Fischmarkt
  stilwerk.com

Die Wäscherei
Auf drei Etagen findet man alles, was die eigenen vier Wände schöner macht.
- Mexikoring 27–29 | City Nord
  die-waescherei.de

BÜCHER UND KARTEN
cohen + dobernigg 📖 E4
»Codobuch« ist der moderne Buchtempel für die Jugend, ambitionierte Lesungen.
- Sternstraße 4 | Sternschanze
  www.codobuch.de

Dr. Götze Land & Karte 📖 G5
Riesige Auswahl an Landkarten, Globen und Reiseliteratur, GPS-Geräte.
- Alstertor 14–18 | City
  www.landundkarte.de

Wede 📖 G6
Seekarten, nautische Literatur und Schiffs- und Flugzeugminiaturen.
- Koreastr. 1 | HafenCity
  www.wede-buch.de

Dr. Robert Wohlers 📖 H4
Angesehene Buchhandlung mit Antiquariat, bekannt für gute Beratung.
- Lange Reihe 38 | St. Georg

Das Stilwerk bietet eine große Auswahl an modernem Design in alten Fabrikhallen

LECKERES
Chocoversum 📖 G5
Im Mitmachmuseum mit Shop verfällt man köstlichen Schokoladenkreationen.
> mehr S. 14 Punkt ⓭
- Meßberg 1 | City | www.chocoversum.de
  tgl. 10–18, Fr bis 21 Uhr

FrischeParadies 📖 C5/6
Hochwertige Köstlichkeiten, ob Fisch, Fleisch, Käse oder Pasta.
- Große Elbstr. 210 | Altona
  Verkauf Mo–Fr 9–19/20, Sa 9–18 Uhr,
  Bistro Mo–Sa 11.30–15/16 Uhr

Kaffeerösterei Burg 📖 F2
Von 8–11 Uhr kann man beim Rösten der Kaffeebohnen zusehen. Auch Tees und andere »Kolonialwaren« im Angebot.
- Eppendorfer Weg 252 | Hoheluft-Ost
  www.kaffeeroesterei-burg.de

AM ABEND

Ausgehrevier Nummer eins in Hamburg ist natürlich der Kiez mit der legendären Reeperbahn. Neben den einschlägigen Etablissements gibt es hier über 200 Kneipen und Klubs, die zu den besten der Stadt zählen.

Weitere Hotspots des Nachtlebens sind die im nördlichen St. Pauli gelegenen **Schanzen- und Karoviertel** sowie der **Großneumarkt** in der Neustadt. Klassische Bühnenunterhaltung bieten neben den drei Staatstheatern mehr als 40 Privatbühnen, auf denen es zuweilen recht schräg zugeht. Veranstaltungstermine kann man den kostenlosen Stadtmagazinen Hamburg »pur« (de.epagee.com/zeitschriften/hamburg-pur), »Piste« (www.piste.de) und für die Gay-Szene »Hinnerk« (www.blu.fm/hinnerk) entnehmen sowie den Websites www.oxmoxhh.de, www.hamburg-magazin.de und www.hamburg-tourism.de. Monatlich am Kiosk erscheinen die Stadtmagazine »Szene«, »Prinz«, »Oxmox«, jeweils mit ausführlichem Veranstaltungskalender.

THEATER UND OPER

Staatsoper Hamburg
Hamburg Ballett F4
Stardirigent Kent Nagano leitet die Staatsoper, der gefeierte John Neumeier das Hamburg Ballett.
- U1 Stephansplatz, U3 Gänsemarkt
  Dammtorstr. 28 | City
  Kasse: Gr. Theaterstr. 25 | Tel. 35 68 68
  www.staatsoper-hamburg.de,
  www.hamburgballett.de

Deutsches Schauspielhaus H4
Indentantin Karin Beyer zeigt Klassik bis Avantgarde. Experimentierbühne des Schauspielhauses ist der Malersaal.
- S/U Hauptbahnhof
  Kirchenallee 39 | St. Georg
  Tel. 24 87 13
  www.schauspielhaus.de

Thalia Theater G5
Der Akzent liegt auf modern inszenierten Klassikern, wagemutiger gibt man sich in der Altonaer Studiobühne.
- S/U Jungfernstieg
  Alstertor | City
  Tel. 32 81 44 44
  www.thalia-theater.de

Ernst Deutsch Theater J3
Vielfältige Bühne mit Klassik, Moderne und diversen Gastspielen.
- U3 Mundsburg
  Friedrich-Schütter-Platz 1 | Uhlenhorst
  Tel. 22 70 14 20
  www.ernst-deutsch-theater.de

Hamburger Kammerspiele F3
Seit dem Jahr 1919 wird in diesem Haus anspruchsvolles zeitgenössisches Theater gepflegt.
- U1 Hallerstraße
  Hartungstr. 9–11 | Harvestehude
  Tel. 4 13 34 40, Mo–Sa 14–19 Uhr
  www.hamburger-kammerspiele.de

Hamburger Kammeroper D4
Im Zuschauersaal schönes Barockgestühl, auf der Bühne Kammeropern.

Der Große Saal im Zentrum der Elbphilharmonie

- Ⓢ Altona
  Max-Brauer-Allee 76 | Altona
  Tel. 38 29 59 | www.alleetheater.de

Kampnagel 🕮 H2
Experimentierbühne mit Sprech- und Tanztheater aus aller Welt, Musik und Performances in ehemaligen Fabrikhallen.
> S. 139
- Ⓤ3 Mundsburg | Bus 172, 173
  Jarrestr. 20 | Winterhude
  Tel. 27 09 49 49 | www.kampnagel.de

KONZERT UND MUSICAL
Elbphilharmonie 🕮 F6
Im extravaganten Großen und konventionellen Kleinen Saal spielen das NDR Elbphilharmonieorchester und viele Gastorchester und Solisten.
- Platz der Deutschen Einheit 1
  HafenCity | Tel. 35 76 66 66
  www.elbphilharmonie.de

Hochschule für Musik und Theater 🕮 G3
Studenten zeigen ihr Können – von Oper über Jazz bis Popmusik. Konzerte sind in der Regel kostenlos > S. 128.
- Harvestehuder Weg 12 | Rotherbaum
  www.hfmt-hamburg.de

Laeiszhalle 🕮 F4
Bietet klassische Konzerte, auch Rock und Pop; gemeinsames Programm mit der Elbphilharmonie.
- Ⓤ2 Gänsemarkt | Johannes-Brahms-Platz | City | Tel. 35 76 66 66
  www.elbphilharmonie.de

Neue Flora 🕮 D4
Disneys märchenhaftes Stück »Aladdin« wird bis Feb. 2019 gespielt, ab April »Cirque de Soleil Paramour«.
- Ⓢ1, 21, 31 Holstenstraße
  Stresemannstr. 159 a | Altona-Nord
  www.stage-entertainment.de

Das Musical »Heiße Ecke« in Schmidts Tivoli ist eine Liebeserklärung an den Kiez

Theater im Hafen/an der Elbe E6
Ein Dauerbrenner ist im Theater im Hafen das farbenfrohe Musical »Der König der Löwen«. Nebenan verzaubert das metallglänzende Theater an der Elbe sein Publikum mit »Mary Poppins« u. a. Welterfolgen.
- Ⓤ3/Ⓢ1, 3 Landungsbrücken, von dort Fähre nach Steinwerder
  www.stage-entertainment.de

Operettenhaus E5
Noch eine Bühne für populäre Musicals wie z. B. »Cats« oder »Ghost« nach dem oscarprämierten Film.
- Tickets für alle vier Musicals:
  Tel. 0 18 05/44 44.
  Ⓤ3 St. Pauli
  Spielbudenplatz 1 | St. Pauli
  www.stage-entertainment.de

LEICHTE MUSE, KABARETT
Alma Hoppes Lustspielhaus G1
Politisch-satirische Eigenproduktionen und Gastspiele.
- Ⓤ1 Hudtwalckerstraße
  Ludolfstr. 53 | Eppendorf
  Tel. 55 56 55 56 | www.almahoppe.de

Imperial-Theater E5
Spannende Kriminalstücke wie E. Wallace »Frosch mit der Maske«, aber auch Kabarett und Improslam.
- Ⓤ3 St. Pauli
  Reeperbahn 5 | St. Pauli
  Tel. 31 31 14 | www.imperial-theater.de

Polittbüro H4
Auftritte von »Herrchens Frauchen«, dem Kabarettduo Lisa Politt und Gunter

Schmidt, außerdem Konzerte, Kleinkunst und Lesungen.
- Ⓤ1 Lohmühlenstraße
  Steindamm 45 | St. Georg
  Tel. 28 05 54 67
  www.polittbuero.de

Pulverfass ▌E5
Monatlich wechselnde, paradiesvogelbunte Travestieshows.
- Ⓢ Reeperbahn
  Reeperbahn 147 | St. Pauli
  Tel. 24 97 91
  www.pulverfasscabaret.de

Das Schiff ▌F5
Kulturdampfer im Nikolaifleet, auf dem ausgezeichnetes literarisches Kabarett geboten wird.
- Ⓤ3 Rödingsmarkt
  Holzbrücke 2 | City
  Tel. 69 65 05 60
  www.theaterschiff.de

Schmidt Theater/Schmidts Tivoli ▌E5
Schräge Shows, mitreißende Revuen, Comedy Slam und Eigenproduktionen wie das St. Pauli-Musical »Heiße Ecke« oder die Mitternachtsshow samstags um 24 Uhr.
- Ⓢ Reeperbahn | Ⓤ3 St. Pauli
  Spielbudenplatz 24–28 | St. Pauli
  Tel. 31 77 88 99
  www.tivoli.de

St. Pauli Theater ▌E5
Traditionstheater seit 1841 bietet Boulevard und Comedy, aber auch Shows wie »The Little Shop of Horrors«.
- Ⓤ3 St. Pauli
  Spielbudenplatz 29–30 | St. Pauli
  Tel. 47 11 06 66
  www.st-pauli-theater.de

Komödie Winterhuder Fährhaus ▌G1
Amüsierstücke sind das Erfolgsrezept der volksnahen Boulevardbühne.
- Ⓤ1 Hudtwalckerstraße
  Hudtwalckerstr. 13 | Winterhude
  Tel. 48 06 80 80
  www.komoedie-hamburg.de

BARS, DISKOTHEKEN, MUSIKKLUBS
Angie's ▌E5
Gut sortierte Bar in Schmidts Tivoli mit eigener Band und diversen illustren Gästen.
- Ⓤ3 St. Pauli | Spielbudenplatz 27
  Fr/Sa ab 22 Uhr

Cotton Club ▌F5
Ein halbes Jahrhundert alt ist Hamburgs ältester Jazzklub.
- Ⓢ Stadthausbrücke
  Alter Steinweg 10 | City
  cotton-club.de
  Mo–Sa ab 20, So 11–14.30 Uhr

Docks Club ▌E5
Auftritte bekannter internationaler Bands, Disco mit angesagten DJs.
- Ⓤ3 St. Pauli | Spielbudenplatz 19
  www.docks-prinzenbar.de

Uebel & Gefährlich ▌E4
Experimentierfreudiges Programm, fantastische Location im Hochbunker.
- Ⓤ3 Feldstraße
  Feldstraße 66 | St. Pauli
  Tel. 31 79 36 10
  www.uebelundgefaehrlich.com

Mojo Club ▌E5
Aktueller Dancefloor-Jazz direkt unter den Tanzenden Türmen.
- Ⓢ Reeperbahn
  Reeperbahn 1 | St. Pauli
  www.mojo.de

Strandvergnügen an der Elbe

LAND & LEUTE

STECKBRIEF

- **Lage:** An der Mündung der Alster in die Elbe und 104 km südlich der Elbmündung in die Nordsee; 53° 30' nördliche Breite, 10° östliche Länge.
- **Fläche:** 755 km², davon Hafengebiet 72 km²; Wasserflächen 60 km²
- **Ausdehnung:** In Nord-Süd- und Ost-West-Richtung jeweils knapp 40 km.
- **Höchster/niedrigster Punkt:** 116,1 m über NN in den Harburger Bergen, 0,8 m unter NN im Alten Land.
- **Einwohner:** 1,8 Mio., davon über 17 % Menschen anderer Nationen.
- **Religion:** Hamburg ist überwiegend protestantisch.
- **Wirtschaft:** Wichtigste Wirtschaftszweige sind Luftfahrtindustrie, Logistik, Chemie, Elektrotechnik, Maschinen- und Schiffbau, Mineralölwirtschaft, Handel,

Banken, Medien und Tourismus, wichtigster Außenhandelspartner ist China.
- **Hafen:** Jährlich ca. 9000 Schiffsanläufe. Mit einem Umschlag von rund 9 Mio. TEU (20-Fuß-Container-Einheiten) rangiert Hamburgs Containerhafen nach Rotterdam und Antwerpen an dritter Stelle in Europa und unter den 20 größten Häfen weltweit.

POLITIK UND VERWALTUNG

Hamburg ist ein Stadtstaat und eines der 16 deutschen Bundesländer. An seiner Spitze steht der Erste Bürgermeister (Ministerpräsident). In der Hamburger Bürgerschaft (Landesparlament) erhielt 2011 die SPD die absolute Mehrheit und ging nach den Bürgerschaftswahlen 2015 eine Koalition mit den Grünen ein. Dem Hamburger Senat (Regierung) gehören neben dem Bürgermeister, acht SPD- und zwei Grünen-Senatoren und Senatorinnen auch ein Parteiloser an. Hamburg ist in sieben Bezirke (Mitte, Altona, Eimsbüttel, Wandsbek, Nord, Bergedorf und Harburg) und in 104 Stadtteile gegliedert.

WIRTSCHAFT UND HAFEN

Hamburgs Hafen war und ist das Herz der Hamburger Wirtschaft. Nur ca. 7000 Menschen arbeiten direkt im Hafen, aber weitere 156 000 Jobs sind indirekt damit verbunden. Der arbeitsaufwendige Stückgutverkehr ist heute fast vollständig durch Containerumschlag ersetzt worden. In Altenwerder läuft die Verladung in einem der modernsten Containerterminals ab. Da der Containerumschlag fast vollständig automatisiert ist, werden im Hafen vor allem hoch qualifizierte Spezialisten benötigt und nicht mehr Scharen von Arbeitern mit Muskelkraft. Löschen, Laden und Lagerung machen aber nur einen Teil der Hafennutzung aus. Weitere Gewerbe im Hafen sind Werften, Logistik- und Transportunternehmen, Mineralölindustrie und Dienstleister.

Der Hafen ist für sich allein schon eine kleine Großstadt in der Stadt. Um das gesamte Ausmaß des Hafenareals zu ermessen, muss man einmal hindurchfahren. 7083 ha Land und Wasserfläche besitzt das riesige Hafengebiet, die Gleisanlagen haben eine Länge von knapp 300 km, die öffentlichen Straßen 142 km. Die Uferanlagen erstrecken sich über 156 km. An den ca. 43 km Kaimauern können über 280 Seeschiffe festmachen.

Auch wenn der Hafen häufig als Filmkulisse dient, hat sich Hamburgs Medienbranche unabhängig davon entwickelt. NDR Fernsehen und Rundfunk, Filmstudios, Verlage und vor allem die boomende IT-, Kommunikations- und Werbebranche machen Hamburg mit über 14 000 Firmen zu einem der bedeutendsten deutschen Medienstandorte. Und auch Modedesign gedeiht hier ausgezeichnet.

Unter den Industrien der Großregion Hamburgs ragt vor allem die Luftfahrtbranche hervor, in der rund 39 000 Menschen beschäftigt sind. Um die Global Player Airbus und Lufthansa-Technik gruppieren sich rund 300 kleine und mittlere Zuliefererunternehmen.

Rasant wächst der Tourismus – ein wichtiger ökonomischer Impuls.

Hamburgs Hafengebiet ist eine eigene Stadt in der Stadt

GESCHICHTE IM ÜBERBLICK

810–831 Die im 8. Jh. nördlich der Elbe, links der Alster errichtete Hammaburg wird fränkische Missionsstation. Ludwig der Fromme erhebt sie zum Bischofssitz.
845 Dänische Wikinger zerstören die Hammaburg; Verlegung des Bischofssitzes nach Bremen.
937 Verleihung der Marktrechte; Wiederaufbau der Hammaburg.
1111 Die Grafen von Schauenburg sind Lehnsherren von Holstein (und Hamburg) und Stormarn.
1186–88 Adolf III. von Schauenburg lässt rechts der Alster die Neustadt anlegen und verleiht ihr Stadtrechte.
7. Mai 1189 Laut einer (gefälschten) Urkunde garantiert Kaiser Friedrich I. Barbarossa Hamburg freie Schifffahrt auf der Unterelbe – dieses Datum wird als Geburtstag des Hafens gefeiert.
1201–1227 Hamburg steht unter dänischer Herrschaft.
1228 Adolf IV. von Schauenburg erhält Hoheitsrechte über die gesamte Stadt.
13./14. Jh. Als Hanse-Mitglied löst sich Hamburg von den Schauenburgern. Großkaufleute der Stadt bilden einen 30-köpfigen Rat mit den Befugnissen eines Landesherrn.
1460 Die Oberhoheit über Hamburg geht auf den dänischen König über.
15. Jh. Wirtschaftliche Expansion Hamburgs; die Bürgerschaft erzwingt vom Rat mehr Rechte. Hamburg löst sich von Dänemark ab (1474).
1528/29 Reformation, Hamburg bekommt eine protestantische Kirchenordnung.
1558 Gründung der ersten deutschen Börse in Hamburg.
16./17. Jh. Hamburg überflügelt Lübeck und Stade. Tuchhändler aus England, Calvinisten und Mennoniten aus den Niederlanden, jüdische Migranten aus Spanien und Portugal fördern das Wirtschaftsleben.
1618–1648 Im Dreißigjährigen Krieg bewahrt Hamburg Neutralität und bleibt aufgrund der mächtigen Stadtbefestigung uneinnehmbar.
1665 Altona erhält vom dänischen König Stadtrecht und boomt durch Gewerbe- und Glaubensfreiheit.
1712 Der sog. Hauptrezess regelt die gemeinsame Ausübung der Staatsgewalt durch Rat und Bürgerschaft.
1768 Dänemark erkennt im »Gottorper Vergleich« Hamburg als Freie Reichsstadt an.
18. Jh. Blühender internationaler Handel; reges kulturelles Leben.
1806–1814 Französische Besatzung und Kontinentalsperre bringen der vom Handel abhängigen Stadt Arbeitslosigkeit, Hunger und Elend.
1815 Hamburg tritt als souveränes Mitglied dem Deutschen Bund bei.
1842 Der Große Brand vernichtet weite Teile der Altstadt.

Die Elbphilharmonie – das neue Wahrzeichen von Hamburg

1860 Eine neue Verfassung garantiert Gewerbe-, Religions-, Presse- und Versammlungsfreiheit.
1881 Infolge des Zollanschlusses an das Deutsche Reich wird der Stadt ein Freihafen zugesichert, der 1888 eröffnet wird.
1892 Eine Choleraepidemie in der Stadt kostet über 8000 Menschenleben.
1914 Hamburgs Hafen erlangt Weltgeltung.
1921 Neue, parlamentarisch-demokratische Verfassung.

1933 Die Stadt wird einem nationalsozialistischen Reichsstatthalter unterstellt.
1937 Groß-Hamburg-Gesetz: Eingemeindung der Städte Harburg, Wandsbek und Altona.
1939–1945 Luftangriffe der Alliierten zerstören Innenstadt, Hafen und mehrere Wohngebiete.
1949 Hamburg wird als »Freie und Hansestadt Hamburg« Bundesland.
1946–1960 Nach Demontage von Hafen- und Industrieanlagen Wiederaufbau der Hafenstadt
1962 Eine schwere Sturmflut fordert über 300 Todesopfer, setzt aber Planungen für ein neues Flutschutzkonzept in Gang.
1989 Der Osteuropahandel boomt nach dem Fall der Mauer.
1997 Beschluss zum Bau der HafenCity (Baubeginn war 2002).
2007 Baubeginn Elbphilharmonie
2013 Der Hamburger Freihafen wird aufgehoben. Auf der Elbinsel Wilhelmsburg finden die Internationale Bauausstellung und die Internationale Gartenschau statt.
2014 Mit dem Theater an der Elbe eröffnet Hamburgs vierte große Musicalspielstätte.
2015 Hamburgs drittes Kreuzfahrtterminal wird auf Steinwerder dem Verkehr übergeben.
2017 Die Elbphilharmonie wird am 11. Januar eröffnet.
2018 Die U-Bahn 4 fährt bis zu den Elbbrücken.
2019 Das Bucerius Kunst Forum wird ums Doppelte erweitert.

NATUR & UMWELT

Etwa ein Drittel der Stadtfläche liegt im Elbtal knapp über oder unter NN. Deiche und andere Flutschutzmaßnahmen sind daher lebensnotwendig.

Stürme aus Nordwesten können das Hochwasser mehrere Meter höher auflaufen lassen. Bei schwerem Orkan kletterte 1962 der Wasserstand auf 6,45 m über NN; damals brachen viele alte Deiche. 20 % der Stadt waren überschwemmt und über 300 Menschen fanden bei der Flutkatastrophe den Tod. Das heutige moderne Flutschutzsystem hat inzwischen weit höher auflaufenden Sturmfluten standgehalten. Einige tief liegende Flächen, z. B. Elbuferweg oder Fischmarkt, überlässt man einfach dem eindringenden Wasser; nach dem Sturm läuft es mit der nächsten Ebbe ganz natürlich wieder ab.

Ebbe und Flut beherrschen die Elbe. Bei Flut läuft das Elbwasser von der Mündung her flussaufwärts, bei Ebbe fließt es mit der normalen Flussströmung in Richtung Nordsee. Nach rund 12 Stunden wiederholt sich dies ewige Spiel. Der Tidenhub, also die Differenz zwischen Hochwasser und Niedrigwasser, beträgt in Hamburg im Durchschnitt 3,70 m.

Hamburgs Elbmarsch ist – abgesehen vom Hafengebiet – eine grüne Oase: Im Westen dehnen sich hinter den Deichen die Obstplantagen des

Alten Landes › S. 148 aus. Im Osten laden die fruchtbaren Vier- und Marschlande mit idyllischen Wegen zum Radeln oder Skaten ein.

Nördlich des Elbtals schlängelt sich die Alster durch sandige Geest. Ein Netz von kleinen Nebenflüssen durchzieht das gesamte Stadtgebiet, viele mit Wanderwegen an den Uferstreifen. Hamburg hat 1400 große und kleinere Parks. Idyllische Biotope und Naturschutzgebiete am Stadtrand, wie der Duvenstedter Brook in Hamburgs Nordosten, bieten Spaziergängern fast unberührte Natur, wo Kraniche brüten und Hirsche röhren.

DIE MENSCHEN

Die 1,8 Mio. Einwohner Hamburgs bekommen den meisten Zuwachs durch Zuzüge. Schon immer war die Hansestadt offen für Fremde.

Die Namen »alteingesessener« Hamburger Familien wie Godeffroy, Reemtsma oder Sloman weisen auf ihre Herkunft aus Frankreich, den Niederlanden und England hin. Der Handel mit Orientteppichen brachte viele Iraner und Afghanen in die Stadt; der Nachkriegs-Wirtschaftsboom ließ die Zahl der Türken und Südeuropäer hochschnellen. Osteuropäer nutzen für ihre Geschäfte gern Hamburgs Mittlerrolle zwischen West und Ost.

Der Anteil von 17 % Menschen aus dem Ausland (ca. 45 000 Türken, 30 000 Polen, 20 000 Afghanen, ca. 17 000 Syrer) täuscht über die Tatsache hinweg, dass durch Einbürgerungen tatsächlich rund ein Drittel der Hamburger einen Migrationshintergrund hat.

Bei gutem Wetter entspannen Hamburger gern an der Außenalster

MISSINGSCH

Plattdeutsch kann man noch in vielen ländlichen Gemeinden der Stadt hören. Diverse Gesprächskreise, auch das Ohnsorg-Theater, pflegen das Plattdeutsche. Der besseren Verständlichkeit wegen wird in Hamburg aber oft Missingsch, eine Mischsprache aus Hoch- und Plattdeutsch, gesprochen.

- **Anscheten!** Von wegen! Denkste!
- **Backbord** linke Seite
- **baven, binnen, buten** oben, innen, außen
- **Bonsche** Bonbon
- **Da nich für!** Antwort auf einen Dank: Bitte sehr!
- **Dascha gediegen!** Das ist ja eigenartig!
- **Denn bis denn!** Also dann bis später!
- **Demman zu!** Los, dann fang an! Beeil dich!
- **dumm Tüch** dummes Zeug
- **Feudel un Leuwagen** Wischtuch und Schrubber
- **Flagge dippen** eine Flagge zum Gruß herauf-/herunterziehen
- **He lücht** Er lügt, Bezeichnung für Hafenerklärer
- **Hühn un Pe(r)dühn** Hans und Franz, Hinz und Kunz
- **inn Mors** kaputt; **Mors** Hintern
- **Man tau!** Los, dann fang an! Beeil dich!
- **Rundstück** Brötchen
- **Schnack** Redensart, Plauderei
- **Steuerbord** rechte Seite
- **inn Tüdel kommen** durcheinanderkommen
- **tünen** spinnen, Unsinn reden

Shantys von der Walze an den Landungsbrücken

KUNST & KULTUR

KUNST

Hamburg hat eine äußerst lebendige Kunstszene, die das gesamte Spektrum künstlerischer Betätigung abdeckt. Interessante Aktivitäten ranken sich um verschiedene Kunstformen. Beispielsweise gelang es Künstlern, mitten zwischen gläsernen Bürobauten der Neustadt das historische **Gängeviertel** als kreative Oase zu bewahren (das-gaengeviertel.info). Andere Inszenierungen beziehen die ganze Stadt ein wie die spektakulären »Blue Goals«, die der **Lichtkünstler Michael Batz** während der Fußball-WM 2006 auf Dächern platzierte; an den Hamburg Cruise Days 2019 illuminierte er den Hafen wieder geheimnisvoll blau.

Rund **50 Galerien** mit ihren wechselnden Ausstellungen organisieren hochinteressante Gruppen- und Einzelaktionen, wie Künstlergespräche oder Quartiersführungen (www.galerien-in-hamburg.de). Eine besonders starke Dichte von **Galerien** findet man in der Admiralitätsstraße 70–74 und im Kontorhausviertel.

Zur **Kunstmeile** (www.kunstmeile-hamburg.de, Kunstmeilenpass: › mehr S. 17 Punkt ❹) vereinigten sich einige hervorragende Museen in Hauptbahnhofsnähe, z. B. eines der bedeutendsten Kunstmuseen Deutschlands, die **Hamburger Kunsthalle**. In ihrem modern präsentierten und chronologisch gegliederten Rundgang vom Mittelalter bis zur Klassischen Moderne sind die Romantiker C. D. Friedrich und Ph. O. Runge besondere Highlights. In der **Galerie der Gegenwart** wird aktuelle Kunst gezeigt. Andere Häuser der Kunstmeile sind am östlichen Wallring u. a. das **Museum für Kunst und Gewerbe** und die **Deichtorhallen**; neben dem Rathaus lockt das **Bucerius Kunst Forum** mit wechselnden Themenausstellungen viele Kunstfreunde an.

Aktuelle Ausstellungen sind im kostenlosen Führer **Auf nach Hamburg** verzeichnet, der alle Vierteljahr neu in Touristeninformationen und Hotels ausliegt, sowie im Internet unter den Websites der Museen und www.hamburg.de/kultur-a-z; Galerien s. o.

MUSEEN

Die meisten der über 60 Museen befinden sich in der City, der Speicherstadt oder der HafenCity, z. B. das **Internationale Maritime Museum**, das sich der ganzen Vielfalt der Seefahrt widmet. Das **Speicherstadtmuseum** lässt den Hafenumschlag vor 100 Jahren aufleben. **Spicy's Gewürzmuseum**, in einem typischen »Boden« (Geschoss) eines alten Backsteinspeichers untergebracht, umschmeichelt die Sinne mit feinen Aromen. Die **BallinStadt** im hafennahen Stadtteil Veddel präsentiert interessante Hintergründe über die Auswanderungsbewegung in die Neue Welt.

Hafenspezifische technische Details zeigt anschaulich das **Hafenmuseum**. Nicht weit von den St. Pauli Landungsbrücken liegen zwei Schiffsveteranen als Museumsschiffe vor Anker, der Stückgutfrachter *Cap San Diego* und der Frachtsegler *Rickmer Rickmers*. Weitere schwimmende Veteranen sind im **Museumshafen Övelgönne** und im **Sandtorhafen** zu besichtigen. Und natürlich gibt es auch Sammlungen für spezielle Interessen, wie z. B. das **Puppenmuseum** im Wald oberhalb des Elbuferwegs, auf dem Gelände der Großmarkthalle das **Deutsche Zusatzstoffmuseum** oder das **Museum der Arbeit**. Für einen Überblick über Hamburgs Museen: www.hamburg-tourism.de und www.hamburg.de/museum-hamburg.

Der **Eintritt für Kinder** bis zu 18 Jahren ist in vielen großen Hamburger Museen frei. Der Museumsdienst Hamburg informiert u. a. über Kinderprogramme, -führungen und -aktionen: www.museumsdienst-hamburg.de.

MUSIK UND BALLETT

Schon im 17. Jh. hatte Hamburg als Musikstadt einen Namen: Die Werkstatt des berühmten Orgelbauers **Arp Schnitger** (1648–1719) fertigte hier Barockorgeln für Kirchen in ganz Europa. Eine Arp-Schnitger-Orgel besitzt in Hamburg neben der Hauptkirche St. Jacobi auch die kleine Kirche St. Pankratius von Neuenfelde, außerdem in Stade die Kirche St. Cosmae.

1678 wurde am Gänsemarkt die erste deutsche Bürgeroper gegründet. **Georg Friedrich Händel** (1685–1759) spielte hier Cembalo und Geige. **Georg Philipp Telemann** (1681–1767) war als Musikdirektor tätig und hatte **Carl Philipp Emanuel Bach** (1714–1788) zum Nachfolger. Der schon zu Lebzeiten gefeierte Komponist liegt in der St. Michaeliskirche begraben.

Die Schiffe im Museumshafen Övelgönne sind seetüchtig

VISIONÄRE ARCHITEKTUR

Das Unileverhaus mit seiner Fassadenmembran ist ein Beispiel für nachhaltiges Bauen

Die **Elbphilharmonie** ›S. 90, Hamburgs neues Wahrzeichen hat 2017 den Betrieb aufgenommen (Architekten: Herzog & de Meuron). Das extravagante Konzerthaus mit Hotel und Apartments ist der Star der futuristischen HafenCity-Architektur.

Schon 1962 setzte Bernhard Hermkes mit der **Großmarkthalle** am Oberhafen neue Maßstäbe. Doch erst in den 1990er-Jahren behaupteten sich in Hamburg frische Architekturideen. Einer der Vorreiter war das zinkverkleidete **Verlagshaus Gruner + Jahr** mit seinen Schiffsaufbauten ähnelnden Details (1990, Otto Steidle, Uwe Kiessler).

Mittlerweile haben viele bekannte Architekten ihre Spuren hinterlassen, so **Sir Norman Foster** 1998 mit dem Multimedia Center, Rothenbaumchaussee 88, **O. M. Ungers** 1996 mit der Galerie der Gegenwart, **Enric Miralles** 2000 mit der Jugendmusikschule und **David Chipperfield** 2007 mit dem Empire Riverside Hotel.

Aufregende Architekturschöpfungen gehen auf **Hadi Teherani** zurück, so die **Europa Passage** und das **Dockland** am Fischereihafen, das als öffentlicher Aussichtspunkt auf Hafen und Elbstrom dient. Seit 2012 setzen die **Tanzenden Türme** einen modernen Akzent auf der Reeperbahn. Beeindruckend sind auch das **Deichtorcenter** am Zollkanal und das Bürogebäude **Berliner Bogen,** ein parabelförmiges Gewölbe aus Glas in der City Süd. Futuristische **Wohnboote** haben im Eilbek-Kanal nahe der Hochschule für bildende Künste festgemacht.

Perlen des Städtebaus präsentiert die Triennale **Hamburger Architektur Sommer.**

Zwei bedeutende Komponisten sind in Hamburg geboren: **Felix Mendelssohn Bartholdy** (1809–1847) verließ die Hansestadt allerdings als Kleinkind und wuchs in Berlin auf. **Johannes Brahms** (1833–1897) trat schon mit zehn Jahren als Pianist auf, ging aber 1863 nach Wien. Ihm und sechs weiteren mit Hamburg nah verbundenen Musikern widmete man die Museen im KomponistenQuartier in der Peterstraße › S. 81.

Das Ensemble der **Staatsoper Hamburg** › S. 74 kommt aus aller Welt und auch die Chefetage ist mit dem US-amerikanischen Dirigenten Kent Nagano international besetzt. Weltruf erlangt hat das Hamburg Ballett unter der Leitung des amerikanischen Choreografen John Neumeier, der die Compagnie seit mehr als vier Jahrzehnten von Erfolg zu Erfolg führt. Ein Highlight für Ballettfreunde sind die Hamburger Ballett-Tage, die der mittlerweile zum Ehrenbürger Hamburgs ernannte John Neumeier seit über 40 Jahren gestaltet (www.hamburgballett.de).

Das **NDR Elbphilharmonie Orchester** ist in Hamburgs neuem Wahrzeichen zu Hause. **Das neue werk** des NDR versorgt die Liebhaber zeitgenössischer Musik mit Konzerten, darunter viele Uraufführungen. An der **Hochschule für Musik und Theater,** in der Studentenkonzerte von leichter Muse bis E-Musik zu hören sind, unterrichtete viele Jahre der moderne Komponist György Ligeti (1923–2006).

Die neue **Musikszene** hat in Hamburg etwa 1000 Firmen. Hier leben Topstars wie Udo Lindenberg oder Indie-Ikonen wie Tomte und Kettcar. Rund **70 Musikklubs** gibt es rund um die Reeperbahn. Ähnlich wie die Mode- und Werbebranche gruppiert sich die Szene im Karo- und Schanzenviertel und auf St. Pauli. Im **Musikhaus Karostar** (Neuer Kamp 32, 20357 Hamburg) befinden sich über 30 Büros der Musikbranche, einschlägige Läden und Aufnahmestudios, daneben das Vielzweck-Kulturhaus **Alte Rinderschlachthalle. Groove City** hat vielleicht, was Sie schon lange gesucht haben: Werden Sie fündig in der enormen Sammlung an Vinylplatten, ob Soul, Hip-Hop oder Rockmusik im Original oder als Neupressung (Marktstraße 114, 20357 Hamburg, Tel. 4 30 21 49, www.groove-city.com).

LITERATUR

Hamburg ist zwar keine ausgesprochene Literaturstadt, hat aber dennoch eine ganze Reihe poetischer Talente beherbergt: Gern saß **Heinrich Heine** (1797–1856) im Alsterpavillon und schaute den jungen Damen auf dem Jungfernstieg nach und bespöttelte die reichen, aber unpoetischen Hamburger »Pfeffersäcke«. **Friedrich Gottlieb Klopstock** (1724–1803), der in Kopenhagen und Hamburg lebte, liegt auf dem Friedhof der Christianskirche begraben. An den Dichter und Hamburger Dramaturgen **Gotthold Ephraim Lessing** (1729–1781) erinnert ein Denkmal auf dem Gänsemarkt.

Der Protest gegen bürgerliche Moralvorstellungen kommt in den Dramen und Epen (z. B. »Fluss ohne Ufer«) von **Hans Henny Jahnn** (1894–1959)

Im Festsaal des Literaturhauses kann man Lesungen lauschen oder gut speisen

zum Ausdruck. Der in Hamburg geborene Dichter **Wolfgang Borchert** (1921–1947) erschütterte die Deutschen mit seinem Kriegsheimkehrerstück »Draußen vor der Tür«.

In ein anderes Licht taucht **Uwe Timm** (geb. 1940) diese Zeit mit seiner Novelle »Die Entdeckung der Currywurst«. **Ralph Giordano** (1923–2014) führt mit »Die Bertinis« authentisch durch Hamburgs Gesellschaftsleben im 20. Jh.

Siegfried Lenz (1926–2014) lebte seit 1945 in der Hansestadt und verewigte sie u. a. in der Geschichte »Einstein überquert die Elbe bei Hamburg«. Etwas später hat sich Büchner-Preisträgerin **Brigitte Kronauer** (geb. 1940) in Hamburg niedergelassen; ihr fantastischer Liebesroman »Teufelsbrück« spielt in einer verwunschenen Villa im Alten Land.

Das **Literaturhaus Hamburg** bietet tägliche Autorenlesungen, Literaturtage, Gespräche mit Autoren und Buchvorstellungen, auch gelegentlich für Kinder (www.literaturhaus-hamburg.de).

Die **Buchhandlung Samtleben** im Literaturhaus hat ein eindrucksvolles Sortiment und einen bezaubernden Schmöker-Erker (Schwanenwik 38, 22087 Hamburg, Tel. 220 51 45).

Hamburg. 69 Dichter und ihre Stadt, Olaf Irlenkäuser, Stephan Samtleben (Hrsg.), Hoffmann und Campe, Hamburg 2006.

Unter den ca. 300 **Krimis,** die Hamburger und andere Autoren in der Hansestadt spielen lassen, bietet die Sören-Bischop-Serie von Boris Meyn ganz besondere Krimispannung (Rowohlt TB, 2002–2019).

Vergleichbar dem berühmten Londoner Tagebuchautor des 17. Jhs., Samuel Pepys, notierte der Hamburger Jurist **Ferdinand Beneke** in den turbulenten Zeiten von 1792 bis 1848 tagtäglich differenzierte Fakten und pointierte Gedanken. Die Veröffentlichung des hochinteressanten Werks begann 2012 (www.ferdinand-beneke.de).

FESTE & VERANSTALTUNGEN

FESTKALENDER

April: Lange Nacht der Museen, über 50 Museen öffnen über Mitternacht hinaus ihre Schatztruhen. **Hamburg-Marathon** mit 25 000 Läufern.
Mai: Hafengeburtstag, dreitägiges Riesenfest am Hafen mit Schiffsparaden, Musik und Vergnügungsmeile. **Japanisches Kirschblütenfest**, grandioses japanisches Feuerwerk über der Außenalster. › mehr S. 15 Punkt ㉑ **Hamburger Kabarettfestival**, vier Wochen lang fordern die besten Kabarettisten die Lachmuskeln heraus.
Deutsches Spring-Derby im Derby Park Klein Flottbek.
Juni: Fahrradsternfahrt Hamburg, sogar die Köhlbrandbrücke wird für Radler freigegeben. **HafenCity-Run**, Hamburger Firmen laufen für einen guten Zweck. **Hamburger Halbmarathon** für Skater und Läufer. **Hamburger Motorrad-Gottesdienst**, 30 000 Biker treffen sich im und vor dem Michel. **Hamburger Ballett-Tage** der Staatsoper. **Privattheatertage**, das beste Bühnenstück erhält den Monica-Bleibtreu-Preis.

💬 HAMBURG – DIE SPORTSTADT

Hamburg ist Deutschlands Sportstadt Nr. 1. Jährlich werden knapp 50 spektakuläre Sportevents ausgerichtet, darunter die Weltcups im Triathlon und Radsport sowie weltbekannte Pferdesportveranstaltungen. Infos unter Tel. 41 90 80 oder auf der Website www.hamburger-sportbund.de.

Das **Volksparkstadion**, in dem der HSV seit 1963 Bundesligaspiele austrägt, diente der WM 2006 und erhielt nach mehrmaligen Umbenennungen 2015 seinen alten Namen zurück. Die Zuschauerränge der Sportstätte mit 57 000 Plätzen sind überdacht. Auf Führungen kann die Arena besichtigt werden.

Das **HSV-Museum** dokumentiert die Geschichte des 1887 gegründeten Fußballvereins (tgl. 10–18 Uhr, www.hsv.de).

Die **Barclay CardArena** dient der **HSV-Handballmannschaft** und dem **Eishockeyklub Hamburg Freezers** als Austragungsort für ihre Heimspiele.

In der **Volksbank Arena** nebenan findet Ball- und Eissport statt.

Der Hafengeburtstag wird mit einem großen Fest gefeiert

Juli: Altonale, riesiges Stadtteil- und Kulturfest in Altona mit Flohmarkt. **Hamburg Harley Days**, 50 000 Harley-Davidson-Fans aus aller Welt treffen zusammen. **Schlagermove**, schräges Schlagerfestival mit Musik der 1950er- bis 1970er-Jahre. **Tennis-Turnier** im Tennisstadion am Rothenbaum. **Deutsches Derby**, Pferderennen, Horner Rennbahn. **Triathlon World Championship** für Profis und Jedermann.

August: Hamburg Cyclassics, Europas größtes Radrennen für Profis und Breitensportler. **Wutzrock**, Jazz und Poesie »umsonst und draußen« am Eichbaumsee in den Vier- und Marschlanden.

September: Hamburg Cruise Days, großes Hafenspektakel, wenn sich an einem Sommerwochenende viele illustre Kreuzfahrtschiffe einfinden (alle 1–2 Jahre). **Food Truck Festival**, Nostalgie-Imbisswagen der Edelklasse auf dem Spielbudenplatz. **Harbour Front Literaturfestival**, neue Bücher werden vier Wochen auf über 100 Veranstaltungen zwischen Reeperbahn und Wilhelmsburg präsentiert. **Nacht der Kirchen**, weit über 100 Kirchen laden zu Musik, Gesprächen und Meditation ein. **Alsterlauf Hamburg**, 10 km um die Außenalster und Fun Run ohne Zeitmessung. **Reeperbahn Festival**, an vier Tagen finden rund 100 Rock- und Popkonzerte statt. **Hamburger Theaternacht**, Hamburgs Theater präsentieren ihr neues Programm. **Hamburger Stadtpark-Revival**, Oldtimerrennen mit historischen Motorrädern und Automobilen.

Oktober: Bach-Wochen im Michel, über vier Wochen u. a. Bach-Konzerte. **Filmfest Hamburg**, Festival mit 100 internationalen Spielfilmen.

November: CineFest, internationales Festival des deutschen Filmerbes.

Dezember: Weihnachtszauber in Hamburg, Weihnachtsmärkte in der ganzen City.

Die Kornhausbrücke verbindet die Altstadt mit der Speicherstadt, im Hintergrund die Elbphilharmonie

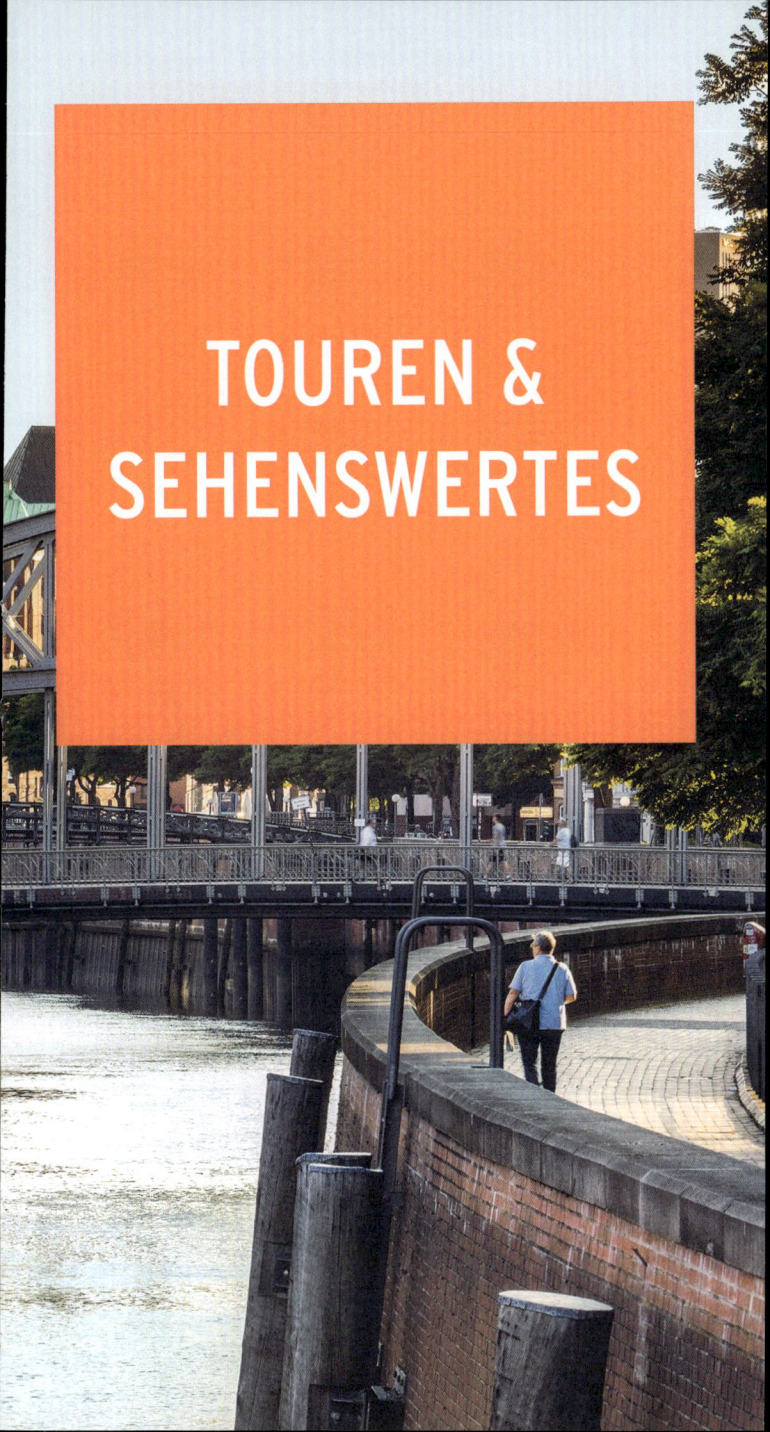

TOUREN & SEHENSWERTES

DIE CITY

St. Petri (vorn) und St. Jacobi wachen über die Mönckebergstraße

DIE CITY

Hamburgs moderne City ist vor allem eines: ein riesiges Shoppingparadies. Im Dreieck zwischen Bahnhof, Binnenalster und Rathaus pulsiert das kommerzielle Herz der Hansestadt. Stille Ufer und lauschige Plätze entschleunigen die Hektik.

Wer durch die Hamburger City bummelt, wird vom Angebot der großen Kaufhäuser, Geschäfte, Spezialläden und Einkaufspassagen wahrscheinlich so abgelenkt, dass für die gediegene Pracht der Büro- und Geschäftsgebäude kaum ein Blick übrig bleibt.

Sie werden es als Besucher im Prinzip auch gar nicht wahrnehmen, wenn Sie von der Altstadt in die Neustadt kommen. Der Übergang zwischen den beiden alten Stadtteilen am Alsterfleet, westlich vom Rathaus, ist so fließend wie das Fleet, das die beiden Viertel trennt. Hamburgs City zeigt aufgrund der Zerstörungen im 19. und 20. Jh. ein überwiegend modernes Gesicht.

In der City schlägt das kommerzielle Herz der Hansestadt. Sie ist das Businesszentrum und der schillernde Shoppingmagnet für den Norden. In viele der stattlichen Geschäftshäuser entlang der Mönckebergstraße und der Fußgängerzone Spitalerstraße sind Kaufhäuser und große Geschäfte für Mode, Einrichtung und Sport eingezogen. Am Jungfernstieg und seinen Seitenstraßen Neuer Wall und Große Bleichen haben die noblen und kleinen feinen Shoppingadressen und besonders viele Einkaufspassagen ihr Domizil. Neben den verführerischen Konsumtempeln haben in der City auch viele Banken, Versicherungen, Verlagshäuser und renommierte Unternehmen ihren Sitz.

Verbinden Sie Ihren innerstädtischen Einkaufsbummel zwischen »Mö« und Gänsemarkt mit einer kleinen Sightseeingtour. Es lohnt sich, ab und zu nach oben auf die schönen Hausfassaden zu blicken. Nach dem Bummel erholen Sie sich auf den Treppenanlagen der Kleinen Alster und schauen den Alsterschwänen zu. Überraschend, an wie vielen weiteren Stellen in der hektischen City man einfach mal abschalten kann. Manche suchen für eine Zeitlang die Hauptkirchen auf, andere nutzen die Leuchtkissen auf dem Domplatz und den Rasen ringsum als Picknick- oder Pausenplätze. Auch im Innenhof des Rathauses, am Hygieia-Brunnen, ist der Verkehrslärm fast verstummt.

Eine besonders komfortable Art, die City zu erkunden, bieten die Fahrradtaxis (ca. April–Okt., tgl. 10 bis 20 Uhr). Zwei Personen und ein paar Einkaufstüten haben hinter den sportlichen Chauffeuren Platz. Auf den umweltfreundlichen Fahrten erfährt man in kurzer Zeit viel Wissenswertes über die Stadt. Beste Abfahrtsstelle ist der Rathausmarkt, nahe der Schleusenbrücke (Trimotion Fahrradtaxi, Tel. 01 62/108 90 20, www.trimotion.de).

TOUREN DURCH DIE CITY

SHOPPINGMAGNET CITY

> **VERLAUF:** Mönckebergstraße > Neuer Wall > Jungfernstieg > Große Bleichen > Gänsemarkt > Colonnaden
>
> **KARTE:** Seite 69
> **DAUER:** 3 Stunden
> **PRAKTISCHE HINWEISE:**
> - **Start:** Ⓢ/Ⓤ Hauptbahnhof
> - **Ziel:** Ⓢ/Ⓤ Jungfernstieg
> - Geruhsam einkaufen kann man am besten vormittags an Werktagen. Samstags kann es voll werden. Die Läden öffnen i. d. R. Mo-Fr 10 bis 19/20 (Do, Fr z. T. bis 21/22 Uhr), Sa 10-17/20 Uhr. An wenigen Terminen öffnen einige Geschäfte zum Late Night Shopping bis 24 Uhr, an vier Sonntagen im Jahr 13-18 Uhr.

»In die Stadt« gehen die Hamburger, wenn sie einen ausgiebigen Einkaufsbummel machen wollen. Gemeint ist die Innenstadt mit ihren Kaufhäusern und Ladenpassagen. Im Dreieck zwischen Hauptbahnhof, Rathaus und Gänsemarkt konzentriert sich Hamburgs Shoppingwelt. Ihre Hauptachsen sind die Mönckeberg- und Spitalerstraße mit den üblichen Geschäften und Kaufhäusern wie Saturn und Karstadt Sport sowie trendigen Mode- und Schuhgeschäften. Am Jungfernstieg mit seinen noblen Seitenstraßen, wie dem Neuen Wall und den Großen Bleichen, reihen sich die Dependancen internationaler Designermarken wie Bulgari, Cartier, Karl Lagerfeld, Armani und Jil Sander.

Etwas mehr Bodenhaftung hat das Preisniveau einiger Shops in den Passagen und Boutiquen der Poststraße. Im Umfeld des Gänsemarkts sind viele junge Läden mit stylisher Mode und angesagten Accessoires angesiedelt, in der ABC-Straße, nahe dem Gänsemarkt, werden Antiquitätensammler fündig.

TOUR-START:
MÖNCKEBERGSTRASSE 📍 G5

Über 100 Jahre alt ist der Shoppingboulevard Mönckebergstraße, von den Hamburgern kurz »Mö« genannt, der vom Hauptbahnhof zum Rathaus führt. Seine stattlichen Geschäftshäuser spiegeln gediegenen hanseatischen Wohlstand wider.

Im **Klöpperhaus** (1913) mit seiner Backsteinfassade und der schönen Fenstergliederung residiert heute der Kaufhof. Das **Levantehaus** 1 📍 G5 (1912) wurde Mitte der 1990er-Jahre zu einer exklusiven Ladenpassage umgebaut, die in den oberen Etagen das auf österreichische Schmankerl ausgerichtete Restaurant **Tschebull** > S. 39 und das Luxushotel **Park Hyatt** beherbergt. Unten, an der angenehmen Flaniermeile, laden Straßencafés zum Verweilen ein.

Auf der gegenüberliegenden Seite befinden sich einige große Modehäuser, viele haben einen Eingang auch an der rückwärtigen **Spitalerstraße**. Sie ist seit 1968 eine lebhafte Fußgängerzone mit Straßencafés und Straßenmusikanten. Beide Einkaufsstraßen treffen am **Mönckebergbrunnen** 2 G5 aufeinander. Er wurde 1914 von Fritz Schumacher › S. 78 errichtet, zusammen mit der **ehemaligen Bücherhalle** im Stil eines dorischen Tempels. Hier residiert die Konzertkasse **Elbphilharmonie Kulturcafé**.

Die Plätze beiderseits der Mönckebergstraße sind nach der Hamburger Theaterprinzipalin Ida Ehre und dem Dramatiker Gerhart Hauptmann benannt und weisen auf das nahe **Thalia Theater** 3 G5 › S. 42 hin.

In der Bar **Nachtasyl** im Theatergebäude treffen sich Schauspieler wie Theatergäste – nicht nur zum Drink nach der Vorstellung, sondern auch zu Konzerten und Lesungen (Alstertor, Tel. 32 81 42 07, tgl. ab 19 Uhr).

Gegenüber von Karstadt, Hamburgs größtem Kaufhaus, fällt das **Hulbe-Haus** 4 G5 (1911) durch seinen dekorativen niederländischen Renaissancestil auf. Es sollte stilistisch eine Verbindung zwischen der gotischen **St. Petri-Kirche** › S. 78 und der eher nüchternen Mönckebergstraße schaffen.

Auf sechs Etagen verkauft **Thomas-i-Punkt** Sportswear und trendige Mode, u. a. das eigene Label »Omen«, im Untergeschoss können sich Skater ausrüsten.

Das denkmalgeschützte Hulbe-Haus

EUROPA PASSAGE 5 G5

Mit fünf Verkaufsebenen und über 120 Geschäften ist die Europa Passage die größte Hamburger City-Ladenpassage. Stararchitekt Hadi Teherani konzipierte das kühne Gewölbe aus Glas zwischen Mönckebergstraße und Ballindamm mit Natursteinböden. Von Frischgemüse bis zum Udo-Lindenberg-Gemälde kann man alles kaufen. Zahlreiche Cafés, Restaurants und Imbisse aller Nationalitäten bieten größtenteils ein erschwingliches Essvergnügen, der Eisstand ist Kult (Läden: Mo–Fr 10–20, Sa bis 18 Uhr, viele Restaurants haben auch vor den Ladenzeiten und einige bis 21/24 Uhr geöffnet, www.europa-passage.de).

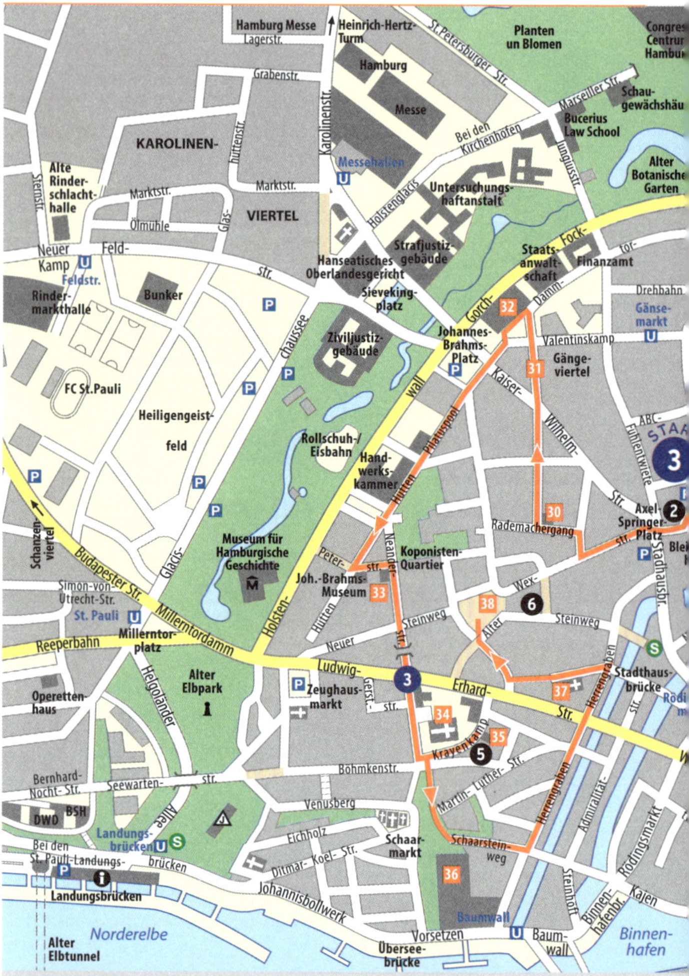

68 | TOUREN & SEHENSWERTES

TOUREN IN DER CITY

TOUR ❶

SHOPPINGMAGNET CITY

1. Levantehaus
2. Mönckebergbrunnen
3. Thalia Theater
4. Hulbe-Haus
5. Europa Passage
6. Alsterarkaden
7. Alte Post
8. Alsterhaus
9. Alsterpavillon
10. Hamburger Hof
11. Hanseviertel
12. Gänsemarkt
13. Staatsoper
14. Colonnaden
15. Nivea-Haus

TOUR ❷

ALT UND NEU IN DER INNENSTADT

16. Kleine Alster
17. Rathaus
18. Börse
19. Mahnmal St. Nikolai
20. Trostbrücke

DIE CITY | 69

21 Patriotische Gesellschaft
22 Domplatz
23 Schauraum Bischofsturm
24 St. Petri-Kirche
25 St. Jacobi-Kirche
26 Sprinkenhof
27 Chilehaus
28 Deichtorcenter

TOUR 3

HAMBURGS NEUSTADT

29 Broschek-Haus
30 Hummel-Denkmal
31 Bäckerbreitergang
32 Laeiszhalle
33 Beyling-Stift
34 St. Michaeliskirche
35 Krameramtsstuben

36 Gruner + Jahr
37 St. Ansgar-Kirche
38 Großneumarkt

Von den Alsterarkaden im italienischen Stil sind die Alster und das Rathaus zu sehen

ZWISCHENSTOPP: RESTAURANT
Se7en Oceans ❶ €–€€€ 📕 G5
Mit exquisitem Fisch brilliert das Restaurant mit Michelin-Stern, auch sein Bistro mit Wok-Gerichten und die Sushibar sind makellos. Der gläserne Lift stimmt auf den grandiosen Panoramablick ein.
- im 2. Stock der Europa Passage
  www.se7en-oceans.de
  tgl. 10–24 Uhr

ALSTERARKADEN ❻ 📕 F5–G5
UND NEUER WALL
Verlässt man die Europa Passage am Ballindamm, schließt man gleich Bekanntschaft mit der **Binnenalster**. Hier, am Anfang des Jungfernstiegs, blickt man zugleich auch auf die **Kleine Alster** › S. 74. An diesem Alsterkanal entwarf, nach dem verheerenden Großen Brand von 1842, Architekt Alexis de Chateauneuf ein Ensemble weißer Geschäftshäuser mit den **Alsterarkaden**. Venezianisches Flair geht von diesem schönen Bogengang aus. Wie früher kann man in den Läden edles Porzellan, feine Schokolade und Schmuck kaufen, stilvoll Kaffee trinken oder im Restaurant Saliba am Eingang der Mellinpassage feine syrische Küche kosten (Neuer Wall 13). Von diesem Standort unter dem Arkadengang schießt man die besten Fotos vom Rathaus.

Mit der Jugendstil-Bemalung an Wänden und Deckengewölbe ist die **Mellinpassage** ein echtes Schmuck-

stück in der City. Die kleine Passage verbindet die Alsterarkaden mit dem **Neuen Wall.** In der noblen Shoppingmeile sind die internationalen Modelabel von Boss bis Zegna zu finden, auch Hamburger Traditionsgeschäfte wie der Herrenausstatter Ladage & Oelke und das Modehaus Unger. In der Montblanc-Boutique kann man Schreibutensilien und die prominenten Marken-Füllfederhalter kaufen, die seit über 100 Jahren in Hamburg produziert werden (Neuer Wall 52).
> mehr S. 17 Punkt ㊲

POSTSTRASSE 📖 F5–G5
Ihren Namen verdankt die Straße der **Alten Post** 7 📖 F5, einem weiteren italienisch inspirierten Bau von de Chateauneuf. Mit dem markanten Turm wirkt das unverputzte Backsteingebäude wie ein toskanischer Stadtpalast. Nach Entkernung und umfangreicher Renovierung vor einigen Jahren sind dort Läden und Büros eingezogen.

Auch hier geht der Blick auf ein malerisches Fleet, das Bleichenfleet, das dann allerdings am **Alsterhaus** 8 G5 plötzlich endet. Das exklusive Hamburger Traditionskaufhaus besetzt fast einen ganzen Block von der Poststraße bis Haupteingang Jungfernstieg (Nr. 16–20, Mo–Sa 10–20 Uhr).

JUNGFERNSTIEG 📖 F4–G5
Die Vorzeigepromenade **Jungfernstieg** ist trotz regem Straßenverkehr das, was sie früher einmal war: eine attraktive, breite Flaniermeile. Auf der einen Seite elegante Geschäfte und das Alsterhaus, auf der

---

> 💬 **KAUFMANNSHÄUSER UND BACKSTEINARCHITEKTUR** ⭐
>
> Fürstliche Prachtbauten fehlen in Hamburg, seit dem Adel im Mittelalter das Bauen verboten wurde. Die erfolgreichen Kaufleute leisteten sich Villen in den Elbvororten. Großbürgerliche Stadthäuser entstanden im 19. Jh. in Harvestehude, Eppendorf und Winterhude. In der Altstadt ist kaum noch historische Bausubstanz erhalten. Was nicht beim Großen Brand 1842 und im letzten Weltkrieg zerstört wurde, fiel kommerziellen Motiven zum Opfer. Nach dem Brand begann man in Hamburg die ersten **Kontorhäuser** zu bauen mit Miet-Kontoren (frz. *comptoir*). Die Kontorhäuser sind eine Hamburger Erfindung und prägen bis heute das Bild der Innenstadt.
>
> Prunken das Rathaus, die Börse und Kontorhäuser noch mit Neorenaissance-, Neoklassizismus- und Jugendstilfassaden, so änderte sich das urbane Erscheinungsbild mit dem Aufkommen des **Hamburger Heimatstils**. Das Bauen mit Backstein, weißen Sprossenfenstern und biedermeierlichen Schmuckformen entwickelte sich zur regionalen Bautradition. Unter Oberbaudirektor **Fritz Schumacher** entstanden unzählige Backsteinbauten, die heute noch ganze Stadtteile prägen, wie das Kontorhausviertel mit dem **Chilehaus** > S. 79.

In der Binnenalster spiegeln sich der Michel und die Häuser am Jungernstieg

anderen Seite die beschauliche Binnenalster, Alsterdampfer-Anleger und ausgedehnte Treppenanlagen zum Sitzen und Schauen.

Das Restaurat Alex im **Alsterpavillon** 9 G4–G5 bietet sogar eine Beach-Lounge mit südlichem Palmenambiente und herrlichem Alsterblick. Seit 1799 ist dies der siebte Pavillon-Bau an dieser Stelle, in dem sich Hamburgs feine Gesellschaft traf. Auf der schönen Terrasse des Alsterpavillons schweift der Blick über die Binnenalster, auf die hohe Alsterfontäne in den Sommermonaten und auf die weiße Alsterflotte. Von hier starten die Schiffe zur großen Alsterkreuzfahrt von der Binnenalster unter der **Lombardsbrücke** hindurch zur Außenalster.

Von der sandsteinroten Passage **Hamburger Hof** 10 G4–G5 am Jungfernstieg 26–30 (www.hhof-passage.de, Mo–Sa 10–19 Uhr, Restaurants länger, auch So) gelangt man wieder in die Poststraße und in die Großen Bleichen.

GROSSE BLEICHEN

Parallel zum Neuen Wall und zum Bleichenfleet verläuft diese Shoppingmeile. Sage und schreibe sechs Einkaufspassagen gehen von hier ab. Die größte ist auch die belebteste Passage, das **Hanseviertel** 11 F5 im nachempfundenen Hamburger Backsteinstil mit eleganten Glaskuppeln. In den 65 Shops gibt es fast alles, was das Herz begehrt: von Hörbuch bis Damenwäsche, von Mode bis Leysieffer-Schokolade und Büttenkarton. Auch ausgefallene Spezialgeschäfte wie **The Fjord House** mit skandinavischem Modedesign oder die Parfümerie **Sahling** mit ausgefallenen Duftnoten sind in diesem Einkaufsparadies versammelt (www.hanseviertel.de, Mo–Sa 10–20 Uhr). Stärken kann man sich u. a. am charmanten Hummerstand mit einem Glas Wein zum edlen Schalentier.

Gegenüber geht die Passage **Galleria** (www.galleria-hamburg.de, Mo–Sa 10–19/18 Uhr) ab, mit Marmorboden, exquisiten Läden und kleinen feinen Restaurants wie dem Petit Délice mit Aussichtsterrasse am Fleet (€–€€, Große Bleichen 21, Tel. 34 34 70, Mo–Sa 12–21 Uhr).

Die historischen Büro- und Geschäftsbauten der Großen Bleichen wurden eingehend renoviert. Heute zeigt sich die **Kaisergalerie** (Nr. 23–27) in feiner Jugendstilpracht für exklusive Möbel- und Modegeschäfte. Das elegante **Kaufmannshaus** mit seiner **Passage** im eindrucksvollen Lichthof versorgt u. a. mit dem **Stoffkontor** anspruchsvolle Kunden (Mo–Sa 10–19/18 Uhr).

Am südlichen Ende der Großen Bleichen geht die **Bleichenhof-Passage** über in den schicken Komplex **Stadthöfe** mit Luxushotel Tortue, Shops, Lokalen, Büros und Apartments in luxussanierten historischen Bauten ab dem 18. Jh.

ZWISCHENSTOPP: RESTAURANT
Edelcurry ❷ €€ 📕 F5
Das Restaurant am Ende des Passagenviertels bietet hervorragende Wurst aus norddeutscher Schlachtung, handgemachte Pommes Frites, Salate und Burger.
- Große Bleichen 68
  www.edelcurry.de

DIE SCHÖNSTEN PASSAGEN

- **Levantehaus:** 40 edle kleine Läden, Confiserie und Boutiquen, ein elegantes Café, stilvolle Atmosphäre.
Mönckebergstraße 7 › S. 66
- **Europa Passage:** Die größte Einkaufspassage mit über 120 Geschäften und Restaurants auf fünf Ebenen, auch architektonisch ein Highlight.
Ballindamm 40 › S. 67
- **Hanseviertel:** 65 Läden, auch Spezialgeschäfte, Café, Restaurants und Hamburgs einziger Hummer-Stehimbiss.
Große Bleichen/Poststraße › links
- **Hamburger Hof:** Anspruchsvoller Shop-Mix, Weinboutique, Café, zwei Restaurants, eine Vertretung für Tesla-Automobile; extravagant: das Geschäft mit ausgefallenen Hunde-Accessoires.
Jungfernstieg 26–30 › links
- **Galleria:** Exklusives Art-déco-Ambiente, Kunst, Mode, Bar und Feinschmeckerbistro Petit Délice.
Große Bleichen 21 › links
- **Gänsemarktpassage:** Trendige Mode, Schuhe, Geschenke und Naturkosmetik.
Gänsemarkt › S. 74
- **Rathaus-Passage:** Ein Antiquariat, ein Eine-Welt-Laden und die Cafeteria werden von Arbeitslosen betrieben.
Direkt unter dem Rathausplatz
› S. 76

GÄNSEMARKT 12 F4 UND COLONNADEN

Seit 1881 blickt Gotthold Ephraim Lessing von einem hohen Sockel über den Gänsemarkt. Von 1767 bis 1770 war der Dichter als Dramaturg im damaligen Nationaltheater tätig. Als Nachfolger jener städtischen Bühne sieht sich die **Staatsoper Hamburg** 13 F4 ⭐ > S. 42, die nur ein paar Schritte vom Gänsemarkt entfernt ist. Rund um den Platz werden edle Geschäfte und noble Restaurants immer zahlreicher: **ABC-Straße** und **Hohe Bleichen** sind ein Eldorado für Antiquitäten- und Modefreunde. Auf der Nordseite des Platzes führt die **Gänsemarktpassage** (Mo–Sa 10 bis 20 Uhr) auf zwei Ebenen zu einer der schönsten Hamburger Fußgängerzonen, den **Colonnaden** 14 F4–G4. Die ruhige Straße mit gut erhaltenen Gründerzeitfassaden und Bogengängen sowie kleinen gemütlichen Geschäften ist eine beschauliche Ruheinsel in der pulsierenden Shoppingszene.

Im **Nivea-Haus** 15 G4, Aushängeschild für die schneeweiße Hautcreme aus Hamburg und gleichzeitig Day Spa, kann man sich z. B. bei einer Fußmassage mit Blick auf die Binnenalster erholen. Voranmeldung empfehlenswert (Jungfernstieg 51, Tel. 82 22 47 40, www.nivea.de/haus). > mehr S. 18 Punkt 38

Ein paar Schritte weiter geht die feine Hamburgerin »konditern« im gemütlichen, biedermeierlich gestalteten **Café Condi** des Luxushotels Vier Jahreszeiten, am besten an einem Tisch mit Alsterblick.

TOUR 2
ALT UND NEU IN DER INNENSTADT

VERLAUF: Kleine Alster > Rathaus > Börse > Mahnmal St. Nikolai > Domplatz > St. Petri > St. Jacobi > Chilehaus > Deichtor

KARTE: Seite 69
DAUER: 2 Stunden (mit Rathausführung)
PRAKTISCHE HINWEISE:
- **Start:** S/U Jungfernstieg
- **Ziel:** S/U Meßberg
- Das Rathaus und die beiden Hauptkirchen St. Petri und St. Jacobi sind täglich geöffnet, bei der Planung des Rundgangs achte man auf die unterschiedlichen Öffnungszeiten. Im Rathaus gibt es nur Führungen, wenn gerade keine Veranstaltung stattfindet.

Schon vor über 800 Jahren erhielt Hamburg Stadtrechte und besaß im Gebiet der heutigen Innenstadt einen florierenden Hafen. Historische Baudenkmäler sind jedoch kaum noch erhalten, weil der Große Brand von 1842 und die Bombardierungen im letzten Weltkrieg weite Teile der Altstadt vernichtet haben. Hie und da stößt man noch auf wenige Zeugen der Geschichte wie den Flusslauf der Alster, das Rathaus und die Börse, die Hauptkirchen und das Kontorhausviertel.

TOUR-START:
KLEINE ALSTER 16 🏛 G5

Zwischen Jungfernstieg und Bergstraße überspannt die **Reesendammbrücke** die Kleine Alster. Ein Müller namens Reese soll um 1235 jenen Damm, der später zum Jungfernstieg wurde, errichtet haben. Er staute die Alster zum Betreiben seiner Wassermühle auf und schuf so den See der heutigen Binnen- und Außenalster.

Nicht nur Kinder und Touristen lieben die Treppen an der Kleinen Alster. Hier kann man Schwäne im Dutzend füttern und gelegentlich Schiffe beobachten, die in die Schleuse unter der Brücke einfahren. Hier entlässt der Alstersee sein Wasser in das Alsterfleet, das nach knapp 1000 m in die Elbe mündet. Der Alstersee hat einen gleichbleibenden Wasserstand, aber Fleet und Elbe unterliegen Ebbe und Flut, so müssen die Schiffe an der Schleuse den Höhenunterschied zum jeweiligen Gezeitenstand überwinden.

RATHAUS 17 ⭐ 🏛 G5

Das Hamburger Rathaus wurde 1897 fertig gestellt. Es ersetzte das mittelalterliche Rathaus, das dem Großen Brand von 1842 zum Opfer gefallen war. Das imposante Bauwerk – stattliche 113 m breit, mit einem 112 m hohen Turm – musste in der sumpfigen Alsteraue auf 4000 Eichenpfähle gegründet werden. Rathausbaumeister Martin Haller versah es mit einer prächtigen Neorenaissancefassade, die mit ihrem reichen Figurenschmuck – u. a. 20 Statuen deutscher Kaiser und Könige – alles andere als hanseatisch bescheiden wirkt. Auch im Innern wurde an Prunk nicht gespart. Die aufwendig gestalteten Paraderäume im ersten Stock können besichtigt werden. Das Rathaus ist Sitz des Hamburger Senats und der Bürgerschaft. Bei den Führungen erfährt man interessante Details über die Besonderheiten des Stadtstaats (Mo–Fr 11–16, Sa 10–17, So 10–16 Uhr, halbstündlich, außer bei Veranstaltungen im Rathaus, Info-Tel. 428 31 20 64).

Auf dem **Rathausmarkt** direkt vor dem Rathaus finden häufig Veranstaltungen statt – vom Freiluftkino über Beachvolleyballturniere bis zum Rockspektakel im Sommer und Weihnachtsmarkt im Dezember. › mehr S. 15 Punkt 22

Auf der Westseite des Rathausmarkts lohnt das **Bucerius Kunst Forum** im Gebäude der ehemaligen

---

> 💬 **ALSTERSCHWÄNE**
>
> Über das adlige Privileg, Schwäne zu halten, setzten sich die Hamburger großzügig hinweg – der Adel hatte in ihrer Stadt nichts zu sagen. Schon Ende des 16. Jhs. wurden die Vögel auf den Gewässern der Stadt gefüttert und seit 1674 kümmert sich ein amtlich besoldeter »Schwanenvater« um die halbzahmen Höckerschwäne. Im Herbst fängt er die rund 120 Tiere ein und bringt sie im Eppendorfer Mühlenteich über den Winter.

Die klassizistische Börse schließt sich direkt an das Rathaus an

Reichsbank einen Besuch (Rathausmarkt 2, www.buceriuskunstforum.de, tgl. 11–19, Do bis 21 Uhr).

Direkt unter dem Rathaus betreibt das Diakonische Werk in der Rathaus-Passage ein Antiquariat, einen Eine-Welt-Laden und eine Cafeteria als Projekt für und mit Arbeitslosen.

BÖRSE 18 F5–G5

In der ehemaligen Wertpapierbörse auf der Rückseite des Rathauses wird schon längere Zeit kein direkter Handel mehr betrieben. Stattdessen vermietet die **Handelskammer** die stilvollen Börsensäle und Arkadengänge an kleine Messebetreiber und als Eventlocation. Der älteste Teil des spätklassizistischen Baus am Adolphsplatz 1 überstand den Brand von 1842, spätere Anbauten schlossen die Lücken zum Rathausgebäude. So entstand ein Innenhof, der den sommerlichen Rathauskonzerten einen stimmungsvollen Rahmen bietet.

Den Vorläuferbau der Börse unweit vom Alten Rathaus verschlangen die Flammen 1842. Er war Ende des 16. Jhs. errichtet worden, um den Hamburger Kaufleuten für ihren Handel ein Dach über dem Kopf zu geben. Nach Gründung der ersten deutschen Börse 1558 versammelten sie sich zunächst jahrzehntelang unter freiem Himmel.

ZWISCHENSTOPP: RESTAURANT

Pfeffersack 3 €–€€ F5–G5

Das Restaurant im Börsengebäude bewirtet Geschäftsleute und Besucher der Handelskammer mit mediterraner Küche.
• Adolphsplatz 1 | Sa/So geschl.

MAHNMAL ST. NIKOLAI 19 F5–G5

Auch die mittelalterliche Kirche St. Nikolai fiel 1842 den Flammen zum Opfer, wurde jedoch wenige Jahre später durch einen Neubau des englischen Architekten Gilbert Scott ersetzt. Als der neogotische Bau 1874 fertig gestellt war, besaß er mit 145 m den höchsten Kirchturm der Welt. Luftangriffe im Zweiten Weltkrieg zerstörten die Kirche erneut. Ihre Ruinen und den ausgebrannten Turm, der sich wie ein Finger in den Himmel reckt, ließ man als Mahnmal stehen. Ein Lift führt zu einer 76 m hohen **Aussichtsplattform** mit Ausblick auf Speicherstadt und HafenCity. Das Museum unter der einstigen Kirchen dokumentiert ihre Geschichte und Hamburgs Bombardierung 1943 (Willy-Brandt-Str. 60, Mai–Sept. tgl. 10–18, sonst 10 bis 17 Uhr).

NIKOLAIFLEET F5–G5

Pfade hinter der Kirche führen zur Straße **Neue Burg.** Wo sich einst die mittelalterliche Festung der Hamburger Lehnsherren erhob, steht seit 1898 der prächtige **Laeiszhof** G5, das Kontorhaus der Reederei Laeisz, die hier ihren Sitz hat. Die berühmten, schnellen Flying P-Liner, darunter die *Passat* und die *Pamir,* segelten unter der weiß-roten Laeisz-Flagge.

Die kleine steinerne **Trostbrücke** 20 G5 führt neben dem Laeiszhof über das Nikolaifleet. Eine erste Brücke an dieser Stelle verband 1216 die gräfliche Neustadt diesseits und die bischöfliche Altstadt jenseits des Wasserlaufs. Den heutigen Brückenbau, der sein Aussehen 1881 erhielt, zieren zwei bedeutende Persönlichkeiten aus Hamburgs Geschichte: Ansgar, erster Bischof der Hammaburg, und Adolf III. von Schauenburg, unter dem Hamburg Stadtrechte und kaiserliche Privilegien zum Hafenbau erhielt. Das Nikolaifleet ist der ehemalige Alsterlauf, der sich hier etwas verbreitert. Im 12. Jh. war hier Hamburgs erster Hafen. Das mittelalterliche Rathaus stand am Nordufer, wo sich heute der Backsteinbau der gemeinnützigen **Patriotischen Gesellschaft von 1765** 21 G5 befindet. › mehr S. 17 Punkt 33

DOMPLATZ 22 G5

Hamburgs geschichtsträchtigster Boden ist nach langem Hin und Her heute ein Ruhepol mit einer schlicht gestalteten Rasenfläche. Hier entstand im 8. Jh. die **Hammaburg,** hier residierten Bischof Ansgar und Missionare, hier wurde im Mittelalter der Mariendom erbaut, den die Hamburger 1805 abrissen. Das Gymnasium Johanneum, das ab 1840 diese Stelle einnahm, ging im Bombenhagel von 1943 unter. Archäologische Funde vom Domplatz und die Relikte eines Wohnturms mit Brunnen sind im **Schauraum Bischofsturm** 23 G5 ausgestellt (St. Petri-Hof, Domplatz, amh.de, Mo–Fr 7–19, Sa bis 18 Uhr). › mehr S. 15 Punkt 23

»Dom« nennt sich auch Hamburgs größtes Volksfest. Einst fand rund um den Mariendom zur Weihnachtszeit ein Jahrmarkt statt. Der hat sich inzwischen verselbstständigt: Dreimal im Jahr wird auf dem Heiligengeistfeld Hamburger Dom › S. 124 gefeiert mit über 9 Mio. Besuchern.

ST. PETRI-KIRCHE 24 G5

Am Portal der St. Petri-Kirche trifft man auf einen der ältesten Kunstschätze der Stadt: einen bronzenen Türklopfer mit Löwenkopf von 1342. Er erinnert an die Grundsteinlegung des Turms, den man besteigen sollte, wenn man gute Kondition hat. Es gibt keinen Lift, aber die im spitzen Turm eingelassenen Bullaugen eröffnen ungewöhnliche Blickwinkel auf die City.

St. Petri ist Hamburgs älteste Hauptkirche. Sie bestand spätestens seit dem 12. Jh. und wurde im 14./15. Jh. zu der gotischen Kirche von heute. Allerdings diente sie während der Franzosenzeit als Pferdestall und der Große Brand machte ihren Wiederaufbau nötig. Der größte Schatz der Kirche, der **Hochaltar** von Meister Bertram (1383), ist in der Hamburger Kunsthalle ausgestellt (www.sankt-petri.de, tgl. mind. 10–17, So 9–20 Uhr in der Sommersaison).

ST. JACOBI-KIRCHE 25 ★ G5

250 m weiter ist die St. Jacobi-Kirche eine Station auf dem Jakobsweg der Via Baltica. Trotz schwerer Kriegsschäden sind der im 14. und 15. Jh. erbauten Backsteinhallenkirche einige bedeutende Kunstschätze verblieben. Einen besonderen Platz erhielt der **Lukasaltar** von Hans Bornemann (15. Jh.) im südlichen Seitenschiff. Die St. Jacobi-Kirche ist auch ein Pilgerziel für Musikfreunde, denn sie besitzt eine **Arp-Schnitger-Orgel,** die als größte erhaltene Barockorgel Nordeuropas gilt. Sie entstand zwischen 1689 und 1693 (Eingang Steinstraße, www.jacobus.de, April–Sept. Mo–Sa 10 bis 17, So nach dem Gottesdienst, Okt.–März 11–17 Uhr, Orgelführung Do 12 Uhr).

Der Jacobi-Kirchturm hat nach der Zerstörung im Krieg eine moderne Gestalt erhalten. Am ersten Samstag im Monat (Mai–Okt. 12 bis

---

💬 FRITZ SCHUMACHER

Der Architekt Fritz Schumacher (1869–1947) stand volksnahen Gestaltungsideen aufgeschlossen gegenüber. Der Bremer Diplomatensohn prägte bis zu seiner Entlassung 1933 – seine Gestaltungsideen passten nicht zur Nazi-Ideologie – wie kein anderer den Baustil der Hansestadt mit abwechselnd Wohnbebauung und Grünzonen. Viele öffentliche Gebäude und sogar ganze Stadtteile sowie der Stadtpark gehen auf seine Entwürfe zurück.

Die Bomben von 1942/43 zerstörten nicht nur einen großen Teil seiner Werke, sondern vertrieben ihn auch aus der Stadt. Er lebte dann als »Butenhamburger«, wie die zwangsläufig Evakuierten genannt wurden, in Lüneburg. Dass 90 % seiner Schöpfungen wieder aufgebaut wurden, erlebte Schumacher nicht mehr. Seine Klinkerbauten, oft mit Keramik- und Hausteinzier, blieben nach dem Zweiten Weltkrieg noch viele Jahre in Hamburg ein Vorbild – nicht immer zur Freude der jüngeren Generation.

Den Sprinkenhof zieren Ornamente des Künstlers Ludwig Kunstmann

18 Uhr) kann man zur Aussichtsplattform hinauffahren – Kaffee und Kuchen gibt es in der Kirche.

KONTORHAUSVIERTEL ★

Dunkelroter Backstein ist das typische Baumaterial der 1920er- und 1930er-Jahre, in denen **Fritz Schumacher** Oberbaudirektor in Hamburg war. Das Kontorhausviertel südlich der Steinstraße zeigt interessante Beispiele dieser Bauepoche. Ein wahrer Bürogigant ist der mehrere Straßenblocks einnehmende **Sprinkenhof** 26 G5, erbaut von 1927–1943. Seine Fassaden zeugen vom vielseitigen Umgang mit dem Ziegel-Material.

Das eleganteste unter den Backsteinkontorhäusern ist das **Chilehaus** 27 G5. Fritz Höger baute es 1924 mit einer schiffsbugartig zulaufenden Spitze für den Kaufmann Henry B. Sloman, der im Salpeterhandel mit Chile tätig war.

Ein modernes Pendant des expressionistischen Backsteinkontors schuf 80 Jahre später Stararchitekt Hadi Teherani mit dem spitzwinklig zulaufenden **Deichtorcenter** 28 G5 gegenüber. Dieser Glasbau, mehr aber noch die nach dem Zweiten Weltkrieg entstandene Hauptverkehrsachse Willy-Brandt-Straße, trennt die beiden Quartiere Kontorhausviertel und Speicherstadt voneinander. Die beiden Backsteinkomplexe sind seit 2015 gemeinsam UNESCO-Weltkulturerbe und repräsentieren die Aufteilung der Arbeitsstätten in Lager- und Bürohaus.

ZWISCHENSTOPP: RESTAURANT

Brasserie Atlas ❹ €–€€ G5
Geschäftsleute genießen im Chilehaus die kleine, feine Mittags- und raffiniertere Abendkarte.
- Burchardstr. 13 c | Tel. 70 29 99 94
  www.brasserie-atlas.de
  Mo–Fr 11.30–16.30, Sa ab 17.30 Uhr

TOUR 3

HAMBURGS NEUSTADT

VERLAUF: Broschek-Haus › Laeiszhalle › St. Michaeliskirche › Krameramtsstuben › Medienstadt › St. Ansgar-Kirche › Großneumarkt

KARTE: Seite 68
DAUER: 2 Stunden
PRAKTISCHE HINWEISE:
- **Start:** Ⓢ Stadthausbrücke oder Ⓢ/Ⓤ Jungfernstieg
- **Ziel:** Ⓢ Stadthausbrücke/ Ⓤ Rödingsmarkt
- Die St. Michaeliskirche und die Gasse der Krameramtsstuben sind täglich zu besichtigen, die Kramer-Witwenwohnung ist dienstags geschlossen. Beachten Sie bei der Planung des Rundgangs die unterschiedlichen Öffnungszeiten. Empfehlung: Tgl. werden während einer 15-minütigen Mittagsandacht um 12 Uhr einige der fünf Orgeln des Michels gespielt.

Hamburgs Neustadt ist alles andere als neu. Sie entstand im 17. Jh. und bildete nach dem Bau der Stadtbefestigung 1616–1628 eine Einheit zusammen mit dem mittelalterlichen Stadtkern. Heute ist sie ein bunt gemischtes Wohn- und Geschäftsviertel mit großen Büro-, Versicherungs- und Verwaltungsgebäuden entlang der Ludwig-Erhard-Straße. Der markante Mittelpunkt ist Hamburgs Wahrzeichen, der »Michel«.

TOUR-START: BROSCHEK-HAUS 29 F5 UND HUMMEL-DENKMAL 30 F5

Der expressionistische Backsteinbau an den Großen Bleichen, den Chilehaus-Architekt Fritz Höger 1925 für die Druckerei Broschek entworfen hatte, war Ideengeber für die 65 Jahre später gebaute Ladenpassage Hanseviertel › S. 72. Das **Broschek-Haus** entstand 1981 neu nach Högers Plänen und wurde zu einem Hotel mit historischer Fassade und modernem Interieur.

Büros, die Springer-Hamburg-Zentrale und städtische Verwaltungshochhäuser beherrschen die westliche Umgebung der Großen Bleichen. Wie aus dem Rahmen gefallen erscheint da die Backstein-Wohnsiedlung von 1933–37 nördlich der Wexstraße, mit dem **Hummel-Denkmal** (1938) am stillen Rademachergang. Alt und Neu, Kunst umd Kommerz prallen im

> **SCHLACHTRUF**
>
> Hamburgs deftiger Schlachtruf »Hummel, Hummel – Mors, Mors« stammt von einem Hamburger Original, dem Wasserträger Johann Wilhelm Bentz (1787–1854), genannt »Hummel«. Auf diesen Spottnamen, doppelt ihm hinterhergerufen, soll er »Mors, Mors« geantwortet haben, was so viel bedeutet wie: »Ihr könnt mich mal ...«

Bäckerbreitergang 31 F4–F5 und dem Brahmsquartier aufeinander, wo sich die Bewohner von denkmalgeschützten Fachwerkbauten des ursprünglichen **Gängeviertels** aus dem 17. Jh. gegen Abrisspläne auflehnen (das-gaengeviertel.info).

LAEISZHALLE 32 F4
Am Wallring zeigt die 1908 erbaute **Laeiszhalle** neobarocke Leichtigkeit. Die Musikhalle, in deren stilvollem Ambiente alles gespielt wird von Klassik-Konzerten über Folklore bis Rock und Pop, trägt den Namen ihres Stifters, des Reeders Carl Heinrich Laeisz. In den Konzertpausen trifft man sich vor dem Haus auf dem **Johannes-Brahms-Platz**. Das Konterfei des Komponisten, der 1833 hier in der Nähe das Licht der Welt erblickte, ist auf den vier Seiten eines schlichten Granitkubus neben der Laeiszhalle verewigt.

PETERSTRASSE F5
Johannes Brahms' Geburtshaus ist verschwunden, aber in der Peterstraße hat es Alfred C. Toepfer (1894–1993) wieder erstehen lassen. Das **Johannes-Brahms-Museum** zeigt Partituren u.a. aus dem Besitz des Komponisten und einen Flügel aus jener Zeit. Die Straße wurde zum **Komponisten-Quartier,** mit **Museen** für Georg Philipp Telemann – 46 Jahre Hamburger Musikdirektor –, seinen Nachfolger Carl Philipp Emanuel Bach, Felix und Fanny Mendelssohn, in Hamburg geboren, Gustav Mahler, der hier 1891–97 wirkte, sowie den in Bergedorf geborenen Komponisten Johann Adolf Hasse (Peterstr. 29–39, www.komponistenquartier.de, Di–So 10–17 Uhr, Kombiticket mit Brahms-Museum).

Das Brahms-Museum ist Teil des **Beyling-Stifts** 33 F5 von 1751, das seit 1899 als Altenwohnheim diente. Toepfer rettete den Barockbau vor dem Verfall. Ein Durchgang führt zum idyllischen Hinterhof. Die gepflasterte Straße mit ihren rekonstruierten Bürgerhäusern des 17. und 18. Jhs. soll nach dem Wunsch des Mäzens der Nachwelt eine Vorstellung vom verschwundenen alten Hamburg geben. Die Ausführung ist zwar bei Architektur-Puristen umstritten, aber viele haben das malerische Ensemble lieb gewonnen.

Allein der große Zeiger an der Turmuhr des Michels ist knapp fünf Meter lang

Faszinierender Rundumblick von der Aussichtsplattform des Michels

ST. MICHAELIS-KIRCHE
34  F5

Die St. Michaeliskirche, von den Hamburgern liebevoll Michel genannt, ist ein weit sichtbares Wahrzeichen Hamburgs und steht von allen fünf Hauptkirchen dem Hafen am nächsten. Wer das Kirchenschiff betritt, in dem über 2000 Personen Platz finden, ist überrascht über den barocken Schwung der Emporen, das viele Weiß und Gold und die aus schwerem Marmor gestaltete Kanzel. Nach Bränden und Kriegszerstörungen wurde die prachtvolle protestantische Kirche in der Gestalt rekonstruiert, die ihr 1750 bis 1762 die Architekten Ernst Georg Sonnin und Johann Leonard Prey gaben, und Sonnin vollendete 1785 den 132 m hohen Turm mit der markanten Säulenrotunde und Deutschlands größter Turmuhr (Englische Planke 1a, www.st-michaelis.de, Mai–Okt. tgl. 9–20, Nov.–April 10 bis 18 Uhr). > mehr S. 15 Punkt 24

In der **Krypta** liegt Ernst Georg Sonnin begraben, ebenso der Städtische Musikdirektor Carl Philipp Emanuel Bach, der von 1767–1788 für das kirchliche Musikleben der Stadt zuständig war. Der Film »Hamburg History« zeigt hier die Geschichte der Stadt. Viele großartige Konzerte finden in St. Michaelis statt, sie gipfeln im Orgelsommmer von Juli bis September.

Der Kirchturm hat eine **Aussichtsplattform** auf 106 m ü. d. M., die man zu Fuß oder mit einem Lift erreicht. Von hier genießt man einen herrlichen Panoramablick auf die Stadt und den Hafen (Mai–Okt. tgl. 9–20 Uhr, sonst 10 bis 18 Uhr). **Nachtmichel** nennt sich eine Veranstaltung, bei der die Aussichtsplattform des Michels bis in die Nacht geöffnet ist. Den faszinierenden Ausblick genießt man bei klassischer Musik und einem Getränk (Öffnungszeiten und Onlinetickets: www.nachtmichel.de).

KRAMERAMTSSTUBEN 35 F5

Das Krameramt, die Zunft der Kleinhändler der Stadt, stellte von 1767 an alten Amtsbrüdern und deren Witwen in einer schmalen Gasse nahe dem Michel bescheidene Wohnungen zur Verfügung, die Krameramtsstuben. Seit der Aufhebung des Zunftzwangs erfüllte die Stadt diese Fürsorge. Die winzigen Reihenhäuser wurden noch bis 1969 genutzt. Sie liegen versteckt in der Straße hinter dem Michel. Man geht durch den Toreingang am Krayenkamp 10 und gelangt auf eine kopfsteingepflasterte Gasse mit zweigeschossigen Fachwerkhäusern zu beiden Seiten. Eine der Altenwohnungen wurde hergerichtet wie zu Lebzeiten einer Krämer-Witwe (www.kramerwitwenwohnung.de, April–Okt. Mo, Mi–Fr 10–17, Sa/So bis 18 Uhr, sonst Sa/So 10–17 Uhr).

ZWISCHENSTOPP: RESTAURANT
Krameramtsstuben 5 € F5
Am Ende der kurzen Gasse lohnen die Krameramtsstuben eine Pause. In winzigen Räumen oder im Freien werden traditionelle Hamburger Gerichte wie Labskaus und Pannfisch serviert.
• krameramtsstuben.de | tgl. 12–24 Uhr

MEDIENSTADT MIT MARITIMEM FLAIR

Der weite Rasenplatz unterhalb des Michels lässt den Blick frei auf den Bürokomplex des **Verlagshauses Gruner + Jahr** 36 F5–F6 (u. a. »Brigitte«, »Geo«, »Stern«). Wie eine Stadt in der Stadt gruppieren sich einzelne Flügel zu einem Ganzen. Brücken und geschlossene Übergänge stellen Verbindungen her. Metallverkleidung und viel Glas, Bullaugenfenster und ein Konferenzturm vermitteln den Eindruck eines modernen Kreuzfahrtschiffs. Hier wagten die Münchner Architekten Steidle & Kiessler 1991 erstmals eine Abkehr von der Hamburger Backsteinbau-Tradition und brachen eine Lanze für moderne Stadtgestaltung.

ST. ANSGAR-KIRCHE 37 F5

Wo heute die 1955 neu erbaute katholische St. Ansgar-Kirche steht, hatte der ursprüngliche Michel seinen Standort, weshalb sie immer noch »Kleiner Michel« genannt wird. Erst 1811, während der Franzosenzeit, erhielten im reformierten Hamburg die Katholiken den Kleinen Michel als eigene Kirche zugewiesen; sie fiel dem Zweiten Weltkrieg zum Opfer.

GROSSNEUMARKT 38 F5

An Wochenmarkttagen (Mi und Sa 8.30–13.30 Uhr) scheint auf dem Großneumarkt das Rad der Geschichte ein wenig zurückgedreht, obwohl neben mehrstöckigen Bürgerhäusern viele Neubauten den Platz umstehen. Rund um den Großneumarkt haben sich zudem nette Kneipen, Pubs und Restaurants angesiedelt.

ZWISCHENSTOPP: RESTAURANT
Cotton Club 6 € F5
Hamburgs erster Jazzkeller, in dem oft Livemusik gespielt wird.
• Alter Steinweg 10 | cotton-club.de
  Mo–Sa ab 20, Okt.–April So 11–14.30 Uhr

ELBE UND HAFEN

Schwimmdock auf der Norderelbe

Beim Anblick der großen Schiffe im Hafen kommt Fernweh auf. Auf historischen Hafenarealen erfindet sich Hamburg gerade neu. Alte Kaispeicher werden zu spannenden Museen, neue urbane Viertel entstehen an der einstigen Hafenkante.

Hamburg – Tor zur Welt! Mit der Elbe und ihrem Hafen sind die Menschen in Hamburg ganz eng verbunden. Am Elbufer spazieren gehen und Schiffe »kucken«, oder beobachten, wie ein Schiffsgigant in ein Dock der Werft Blohm + Voss manövriert wird, begeistert die Hamburger und Besucher gleichermaßen. Rund 9000 Seeschiffe aus allen Winkeln der Welt schippern alljährlich durch die Fahrrinne der Elbe. Die großen Pötte gleiten, von kleinen Schleppern gezogen, zum Greifen nahe, durchs bewegte Fahrwasser. Schaulustige packt das Fernweh, Seeleute, die gerade von großer Fahrt zurückkommen, das Heimweh, wenn ihnen am Willkomm-Höft in Wedel die Willkommensgrüße über Lautsprecher zufliegen.

Wenn man gegenüber den St. Pauli Landungsbrücken die Treppen zur Jugendherberge »Auf dem Stintfang« hochklettert, gelangt man zu einem der schönsten öffentlichen Aussichtspunkte auf den Hafen, der nur noch vom Ausblick von der Köhlbrandbrücke übertroffen wird. Links die bunte Uferpromenade mit den Museumsschiffen *Rickmer Rickmers* und *Cap San Diego*, dahinter die Elbphilharmonie, rechts in der Ferne der Fischmarkt und die zu Büro- und Shopping-Lofts ausgebauten Kaispeicher und

Da ist Musik drin: *Feuerschiff LV 13*

Getreidesilos. Zu Füßen die lebhaft befahrene Elbe und das Gewusel der Werftkräne im Hintergrund. Noch ahnt man nicht die tatsächlichen Dimensionen des Hafens. Erst eine Hafenrundfahrt vermittelt eine Vorstellung von der enormen Größe: eine eigene kleine Großstadt in der Metropole Hamburg.

An der Hafenkante kann man gut nachvollziehen, wie stark sich das moderne Hamburg wandelt. Das städtebauliche Jahrhundertprojekt HafenCity, das bis 2025 südlich und östlich der Speicherstadt in die Höhe wächst, verwandelt brachliegendes, technisch veraltetes Hafengelände in einen boomenden und dynamischen Stadtteil, in dem einmal 14 000 Menschen leben sollen.

TOUREN AN ELBE UND HAFEN

SPEICHERSTADT 3 UND HAFENCITY

VERLAUF: St. Katharinen › Deichstraße › Miniatur Wunderland › Kesselhaus › Elbphilharmonie › Internationales Maritimes Museum › View Point › Lohsepark › Zollmuseum

KARTE: Seite 87
DAUER: Gehzeit 2 Stunden
PRAKTISCHE HINWEISE:
- **Start:** Ⓤ Meßberg
- **Ziel:** Ⓤ Meßberg
- Die beste Zeit für diesen Spaziergang ist tagsüber und bis nach Sonnenuntergang, wenn die Speicherstadt illuminiert wird. Montags sind ganzjährig nur Miniatur Wunderland, Hamburg Dungeon, Elbphilharmonie, Gewürz-, Teemuseum und Int. Maritimes Museum offen. Viele Museen bieten auch interessante Abendveranstaltungen.
- Mit dem Besuch von zwei bis drei Museen in der Speicherstadt kann der Aufenthalt sich auf den ganzen Tag ausdehnen.

TOUR-START:
ST. KATHARINEN 1 G5

Die hohe Promenade am Nordufer des Zollkanals, von der man zur St. Katharinen-Kirche hinüberblickt (Katharinenkirchhof 1, Mo–Fr 10 bis 17, Sa/So 11–17 Uhr, www.katharinen-hamburg.de), ist eigentlich eine Flutschutzmauer. Sie sichert die Marscheninseln Grimm und Cremon ab. Hier und südlich des Kanals wohnten einst Kaufleute, Brauer, Fassmacher und Schiffer. Die gotische Backsteinkirche mit ihrem barocken Turm wurde nach dem Zweiten Weltkrieg wiederhergestellt, auf der 2013 renovierten Orgel spielte 1720 J. S. Bach. Die goldene Krone auf dem Turmhelm ist nicht, wie oft behauptet, aus dem Goldschatz des Piraten Störtebeker gegossen. Sie stellt die Märtyrerkrone der Kirchenpatronin dar, deren Sandsteinfigur man an der südlichen Turmwand findet. Moderne Büros, einige Wohnungen, rekonstruierte Fachwerkhäuser und gut restaurierte Geschäftshäuser des 18. bis 20. Jhs. stehen heute auf diesem mittelalterlichen Stadtgebiet.

ZWISCHENSTOPP: RESTAURANT
Gröninger Braukeller 1 €€ G5
Dem Braukeller ist eine traditionsreiche Privatbrauerei angeschlossen. Zu Pils und Weizen genießt man Wurst- und Fleischgerichte mit selbst gebackenem Brot.
- Willy-Brandt-Str. 47
  www.groeninger-hamburg.de
  Sa und So mittags geschl.

DEICHSTRASSE 2 F5
Wo die Straße **Holzbrücke** das Nikolaifleet quert, zeigt sich noch das Stadtbild von einst: Kaufmannshäu-

ser zwischen Fleet und Straße. Hinter der Häuserzeile am Nikolaifleet verläuft die Deichstraße. Hier brach am 5. Mai 1842 der Große Brand aus, der ein Drittel der Altstadt in Schutt und Asche legte. Im südlichen Teil der Straße blieben einige Häuser des 17. und 18. Jhs. erhalten. In einigen befinden sich urige Restaurants, deren Enge und historische Einrichtung an die damalige Zeit anknüpft. Im Restaurant **Deichgraf** (Nr. 23) ist die Küche norddeutsch gediegen mit italienischen Anleihen › S. 37. Weitere delikate Raststätten in der Deichstraße sind Crêperie **Ti Breizh** (Nr. 39, €) und **Kartoffelkeller** (Nr. 21, €-€€).

Fußgänger gehen von hier über den Kehrwiedersteg zur Speicherstadt. Die Fußgängerbrücke bietet einen fantastischen Blick auf die

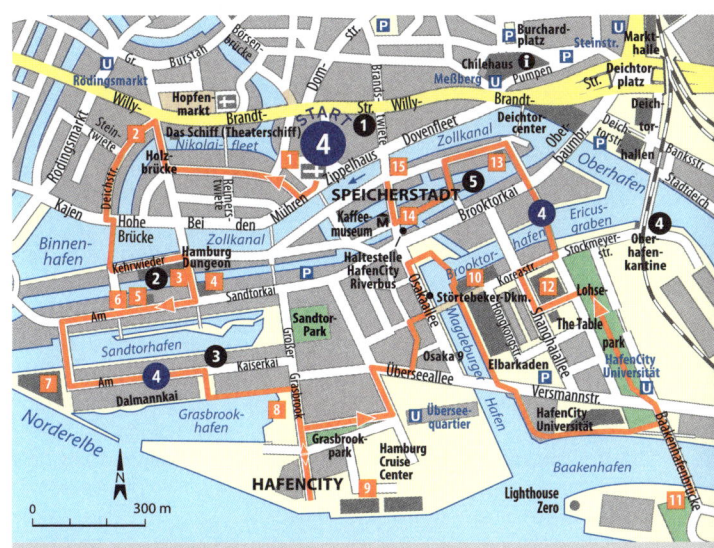

TOUREN AN ELBE UND HAFEN

TOUR 4

SPEICHERSTADT UND HAFENCITY

1. St. Katharinen
2. Deichstraße
3. Miniatur Wunderland
4. Kesselhaus
5. Spicy's Gewürzmuseum
6. Speicherstadtmuseum
7. Elbphilharmonie
8. Marco-Polo-Terrassen
9. Hamburg Cruise Center
10. Internationales Maritimes Museum
11. View Point
12. Prototyp Automuseum
13. Dialog im Dunkeln/im Stillen
14. »Hafen-Rathaus« HHLA
15. Deutsches Zollmuseum

FREIHAFEN & SPEICHERSTADT

Das frühere Hauptzollamt im Ensemble der Backsteinspeicher

Einst galt die Speicherstadt als größter Lagerhauskomplex der Welt. Hier wurden zollfrei Waren aus aller Welt gelagert.

Als Hamburg 1881 Mitglied im Deutschen Zollverein wurde, handelte es als Kompromiss für den Verlust seiner Souveränität aus, dass ein Teil des Hafens zolltechnisch Ausland bleiben durfte. In diesem **Freihafen** durften Waren bis zum Verkauf gelagert, veredelt oder weiterverarbeitet werden, ohne dass Zollgebühren anfielen. Zuvor lagerten Importgüter in den Kaufmannshäusern der gesamten Stadt, doch nun benötigte man riesige Lagerkapazitäten innerhalb des Freihafens.

Zu diesem Zweck wurde die **Speicherstadt** gebaut. Durch ihren Bau trennte man die Funktionen des traditionellen Kaufmannshauses: Lager, Kontor (Büro) und Wohnung. Ein ganzes Viertel mit 20 000 Bewohnern musste ihr weichen. Von 1885 bis 1912 entstanden 22 Lagerhäuser mit jeweils fünf bis sieben Etagen auf der Wandrahminsel am Zollkanal. Außerhalb des Freihafens entstand das **Kontorhausviertel** ▸ S. 79.

Aber im Containerzeitalter werden Kaffee und andere Güter kaum noch in Säcken gelagert. In die nutzlos gewordenen und seit 1993 denkmalgeschützten Speicher zogen Museen und kleine Dienstleistungsfirmen ein. Ende 2012 wurde der Freihafen abgeschafft. Seit 2015 gehören Speicherstadt und Kontorhausviertel zum UNESCO-Welterbe.

malerische Backsteinarchitektur der **Speicherstadt** mit ihren Zinnen, Rundbögen und Seilwinden. Das historische Zentrum des einstigen Freihafens, das denkmalgeschützte Lagerhaus-Quartier, erstreckt sich entlang stiller Fleete und alter Straßen und wird bei Dunkelheit stimmungsvoll illuminiert.

SPEICHER D & MINIATUR WUNDERLAND ❸ ⭐ 📕 F6

Mitunter stehen lange Schlangen vor dem Miniatur Wunderland, der größten Modelleisenbahnanlage der Welt (Spurweite H0) im Speicher D. Auf 7000 m² flitzen über 1000 Züge über 15 km Schienenstrecke. Tausende Figuren, Häuser, Autos und Modellflugzeuge bilden die Regionen der Welt realitätsnah im Miniaturformat ab. 50 Computer steuern die Anlage (Kehrwieder 2–4, www.miniatur-wunderland.de, tgl. mind. 9.30–18, Di 9.30–21, Sa 8 bis 21, So 8.30–20 Uhr).

In direkter Nachbarschaft erteilt das **Hamburg Dungeon** gruseligen Geschichtsunterricht. Raffinierte Spezialeffekte, plakative Kulissen und Akteure lassen Hamburgs dunkelste Episoden aufleben, wie die Hinrichtung des Seeräubers Klaus Störtebeker oder den Großen Brand im Jahr 1842 (Kehrwieder 2, www.thedungeons.com/hamburg, tgl. 10 bis 17 Uhr).

ZWISCHENSTOPP: RESTAURANT
Speicherstadt Kaffeerösterei ❷ € 📕 F6
Kaffeespezialitäten, kleine feine Speisen und uriges Röstereiflair.
- Kehrwieder 5 | Mo–So 10–19 Uhr
  www.speicherstadt-kaffee.de

AM SANDTORKAI

Speicheratmosphäre wie in guten alten Zeiten erlebt man im Speicherblock L südlich des Kehrwiederfleets: In **Spicy's Gewürzmuseum** ❺ 📕 F6 kann man den Weg der Gewürze vom Ursprungsland bis ins Ladenregal verfolgen. Sonderausstellungen stellen u. a. Heilpflanzen oder Aphrodisiaka vor (Am Sandtorkai 34, www.spicys.de, tgl. 10–17 Uhr, abends unterhaltsame Events).

💬 **HAFENCITY – ZUKUNFTSWEISENDES STADTVIERTEL**

Was tun mit 1,5 km² ausgedientem Hafenareal zwischen City und Elbufer? 1997 gab der Senat den Startschuss für das Großbauprojekt **HafenCity** direkt neben der historischen Speicherstadt. Bis zum Jahr 2030 entstehen in diesem neuen Stadtteil 7000 Wohnungen, 45 000 Arbeitsplätze, Parks, Geschäfte und öffentliche Gebäude. Über 50 % der Bauprojekte sind fertiggestellt. Die neue Bahnlinie Ⓤ4 fährt seit 2012 in die HafenCity. Im historischen **Kesselhaus der Speicherstadt** ❹ 📕 G6 dokumentiert das HafenCity-Info-Center die Pläne und Baufortschritte (Am Sandtorkai 30, www.hafencity.com, Di–So 10–18 Uhr, Führungen durchs Neubaugebiet Sa 15 Uhr, Mai–Sept. auch Do 18.30 Uhr, Fahrradtour jeden 1. und 3. So 11 Uhr).

Nur ein paar Schritte weiter in demselben historischen Lagerhaus versetzt einen das **Speicherstadtmuseum** 6 F6 in die Zeiten zurück, als noch Pferdekarren über das Kopfsteinpflaster klapperten und Ewer (Lastkähne) auf der Rückseite des Gebäudes durch das Wandrahmsfleet schipperten. Es dokumentiert anschaulich, wie die exotischen Waren transportiert, gelagert und geprüft wurden, ebenso die Geschichte des weltweit einzigartigen Lagerhausviertels. Tee- und Kaffee-Verkostungen sowie geführte Rundgänge durch die Speicherstadt runden das Angebot ab (Am Sandtorkai 36, www.speicherstadtmuseum.de, März–Nov. Mo–Fr 10 bis 17, Sa/So bis 18, sonst Di–So 10–17 Uhr; Führungen März–Okt. Sa 15 Uhr, ganzjährig So 11 Uhr). An manchen Abenden veranstaltet das Museum Krimilesungen mit renommierten deutschen und internationalen Autoren.

SANDTORHAFEN

Als technisch auf der Höhe galt 1866 der künstliche Sandtorhafen, doch heute stehen am Ufer flott designte Wohn- und Bürobauten im Stil des 21. Jhs. Im Hafenwasser dümpeln Traditionsschiffe und der Schwimmkran GREIF mit exotischen Raritäten aus Harrys Hamburger Hafenbasar (Sandtorhafen Ponton 5, www.hafenbasar.de, Sa/So 10–15 Uhr). Von der Mahatma-Gandhi-Brücke überschaut man die Schiffsveteranen bis hin zu den **Magellanterrassen** G6 am Ostende des Hafenbeckens.

ELBPHILHARMONIE 7 ⭐ F6

Weithin sichtbar erhebt sich die imposante Elbphilharmonie auf dem Sockel des ehemaligen Kaispeichers an der Westspitze der HafenCity. Spektakulär ist nicht nur der kühn geschwungene gläserne Neubau, sondern auch sein Innenleben: ein Konzerthaus der Superlative mit zwei Konzertsälen (mit 2100/550 Plätzen), außerdem das Luxushotel The Westin Hamburg, 45 Wohnungen, Restaurants, Parkhaus sowie die für jedermann zugängliche **Aussichtsplattform Plaza** auf 37 m Höhe (tgl. 9–24 Uhr, Gratisticket bei Besuch am selben Tag am Eingang oder im Besucherzentrum, Am Kaiserkai 60–62, bei Onlinebuchung 2 €, www.elbphilharmonie.de). Die 82 m lange Rolltreppe **Tube** befördert Besucher vom Haupteingang zum Panoramafenster, von dort

---

> 💬 **JEDERMANN**
>
> Im Hochsommer, wenn die Abendsonne hinter den grünen Dächern versinkt, wird die Speicherstadt zwischen Kesselhaus und Brooksfleet zur realitätsnahen Open-Air-Kulisse für das mittelalterliche Kultschauspiel **Hamburger Jedermann**. Seit 1994 zieht die Moritat von Leben, Tod und Moral in der Stadt viele Besucher an.
> • **Theater in der Speicherstadt**
>   U3 Baumwall | Auf dem Sande 1
>   www.hamburger-jedermann.de
>   Juli/Aug., Do–So 19/20 Uhr

Anglerglück am Sandtorhafen mit Liegeplätzen für historische Schiffe

führt eine kürzere Rolltreppe zur Plaza und weiter zu den Sälen.

ZWISCHENSTOPP: RESTAURANT
Meßmer Momentum ❸ €–€€ G6
Passend zu den exquisiten Tees sind die kleinen Tee-Menüs von Sushi bis zu Süßigkeiten, delikat und schön anzusehen.
- Kaiserkai 10 | Tel. 73 67 90 00
  tgl. 11–20 Uhr
  › mehr S. 14 Punkt ⓮

RUND UMS HAMBURG CRUISE CENTER G6
Aussichtsreiche Spazierwege führen von der »Elphi« über den Kaiserkai und die Freifläche **Vasco-da-Gama-Platz** zur Flaniermeile Dalmannkai. Zum Rasten mit Blick auf den Grasbrookhafen laden die Stufen der **Marco-Polo-Terrassen** ❽ ein. Durch die Eventlocation Atrium im Unilever-Haus (z. B. Der.Die. Sein.Design-Markt › S. 40) gelangt man zum Elbufer und hat hier beste Aussicht auf die Kreuzfahrtschiffe am **Hamburg Cruise Center** ❾. Vielseitiges Shopping ist am breiten **Überseeboulevard** möglich.

Ressourcenschonende und umweltverträgliche Stadtentwicklung ist eine wichtige Maxime in der HafenCity. Über die Standards und ihre Erfüllung informiert **Osaka 9**, der HafenCity-Nachhaltigkeitspavillon unter dem Gehweg der Osakaallee (Di–So 10–18 Uhr).

Am Westufer des Magdeburger Hafens erinnert das **Denkmal von Klaus Störtebeker** an den Seeräuber und dessen Hinrichtung um 1400 auf dem Kleinen Grasbrook.

INTERNATIONALES MARITIMES MUSEUM ❿ ⭐ G6
Im eindrucksvoll restaurierten zehnstöckigen **Kaispeicher B** am Brooktorhafen zeigt das Internationale Maritime Museum die umfangreiche Privatsammlung des Zeitungsmannes Prof. Peter Tamm. Auf neun thematisch gegliederten

Im aufwendig restaurierten Kaispeicher B befindet sich heute das Maritime Museum

Stockwerken (Decks) können Groß und Klein 3000 Jahre Schifffahrt sehr lebendig nachvollziehen. Auf Deck 1 dürfen Besucher zu bestimmten Zeiten Kapitän spielen und ein Containerschiff am Simulator in die Häfen Rotterdam, Singapur oder Hamburg steuern (Koreastr. 1, www.imm-hamburg.de, tgl. 10–18 Uhr).

Am Ostufer des Magdeburger Hafens lädt die zweistöckige Flaniermeile **Elbarkaden** ein: Mehrere Restaurants, zwei Design-Institutionen und die deutsche Greenpeace-Zentrale residieren in einem umweltfreundlichen Gebäudekomplex mit Windrädern auf dem Dach (Hongkongstr. 10, Ausstellung: Eingang Elbarkaden, Di–Fr 10–17 Uhr, Mai–Okt. z. T. auch So).

BAAKENHAFEN & LOHSEPARK G/H6

Ein Rad- und Spazierweg führt an der HafenCity Universität entlang über die elegante **Baakenhafenbrücke** zum orangefarbenen Aussichtsturm **View Point** 11 H6. Der Blick von hier reicht über das Baugebiet der östlichen HafenCity und den Baakenpark bis zu den Elbbrücken mit der gläsernen U4-Station. Westwärts überschaut man das Kreuzfahrtterminal, die Elbphilharmonie und das Hafengeschehen auf der Norderelbe. Der runde Bau auf einem Betonschaft am nahen Baakenhöft ist das Modell **Lighthouse Zero** für Wohnen im 21. Jh. mit 360°-Ausblick.

Der **Lohsepark,** größte Grünanlage der HafenCity, ist auch Gedenkort für über 8000 Juden, Sinti und Roma, die während der Nazizeit von dem im Krieg zerstörten Hannoverschen Bahnhof deportiert wurden. In einem übrig gebliebenen alten Lagerhaus begeistert das vielseitige **Automuseum Prototyp** 12 G6 mit seltenen Sport- und Rennwagen. An Hörstationen, Simulatoren und Computern kann man moderne Boliden und Rennsport-Veteranen testen (Shanghaiallee 7, www.prototyp-hamburg.de, Di–So 10–18 Uhr).

ZWISCHENSTOPP: RESTAURANT
Oberhafen-Kantine 4 € G5
Das windschiefe Backsteinhäuschen unter der Eisenbahnbrücke ist Hamburgs letzte original erhaltene »Kaffeeklappe«. Heute sind hier Imbissklassiker mit Pfiff und solide Biohausmannskost zu haben.
- Stockmeyerstr. 39 | Di–So ab 12 Uhr oberhafenkantine-hamburg.de

Nur Fußgänger können die Ericusbrücke queren; jenseits vom Ericusgraben lag einst die Hamburger Stadtmauer, heute reihen sich hier moderne Geschäftshäuser der HafenCity, darunter der Glaskomplex vom Magazin »Der Spiegel«.

DIALOG IM DUNKELN/IM STILLEN 13 G5
Beim **Dialog im Dunkeln** führen Blinde die Besucher durch stockfinstere Räume. Dabei werden alltägliche Situationen simuliert, die sich nur durch Tasten, Hören, Riechen und Schmecken bewältigen lassen. Beim **Dialog im Stillen** machen Gehörlose erfahrbar, wie man mit den Augen hört und den Händen spricht (Alter Wandrahm 3, nur mit Anmeldung: Tel. 3 09 63 40, dialog-in-hamburg.de, Mo–Fr 10–18, Sa bis 19 Uhr). › mehr S. 16 Punkt 26

ZWISCHENSTOPP: RESTAURANT
Teekontor und Restaurant Wasserschloss 5 €€ G5
Im einstigen Windenwärterhaus werden in angenehmer Atmosphäre Tees, Mittagstisch und ein Abendmenü serviert. Reservieren!
- Dienerreihe 4 | www.wasserschloss.de tgl. 10–22 Uhr

HAFEN-RATHAUS 14 G5
An der Kreuzung Bei St. Annen/Holländischer Brook hat die **Hamburger Hafen- und Logistik AG (HHLA)** ihren Sitz in einem prunkvollen, turmverzierten Bau von 1903, Hafen-Rathaus genannt. Sie verwaltet einen Großteil von Hafen und Speicherstadt.

Das **Kaffeemuseum** der Rösterei Burg mit Laden und Café verwöhnt alle Kaffeegenießer (St. Annenufer 2, kaffeemuseum-burg.de, Di–So 10 bis 18 Uhr).

DEUTSCHES ZOLLMUSEUM 15 G5
Seit der Abschaffung der Freihafengrenze erinnern nur noch dieses Museum und das Zollschiff *Oldenburg* an den ehemaligen Posten an der Kornhausbrücke. Im historischen Zollgebäude ist unterhaltsam die Geschichte der Grenzüberwachung dargestellt. Brandaktuell sind Themen wie Produktpiraterie oder Kontrolle von Fischereinetzen und Umweltsündern (Alter Wandrahm 16, www.zoll.de, Di–So 10–17 Uhr).

TOUR 5

ENTLANG DER HAFENKANTE

VERLAUF: City-Sporthafen > Landungsbrücken > Fischmarkt > Museumshafen Övelgönne

KARTE: Seite 94
DAUER: 2 Stunden
PRAKTISCHE HINWEISE:
- **Start:** Ⓤ Baumwall
- **Ziel:** Fähre 62 Neumühlen
- Zwischen Überseebrücke und Landungsbrücken offerieren viele Anbieter Hafenrundfahrten (9 bis 18 Uhr). Die Tour ist zu jeder Tageszeit reizvoll, auch abends mit den vielen Lichtern im Hafen.
- Für den Rückweg vom Museumshafen: HADAG-Fähre 62 (Anleger Neumühlen, tagsüber alle 15 Min.) bis Landungsbrücken; Anschluss zur Elbphilharmonie mit Linie 72: beste Aussicht auf die Hafenkante vom Wasser aus.

Viele Jahre hat es gedauert, bis den Hamburgern auffiel, welch ein Juwel die Hafenkante ist. Die meisten der verfallenen Lagerhäuser am Nordufer der Elbe sind restauriert und in einträgliche moderne Büro- und

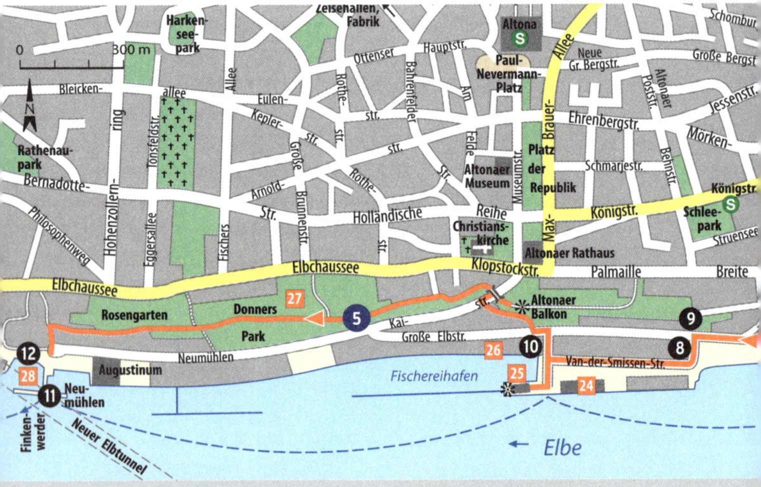

TOUREN AN ELBE UND HAFEN

TOUR 5
ENTLANG DER HAFENKANTE

- 16 City-Sporthafen
- 17 Überseebrücke
- 18 Rickmer Rickmers
- 19 Landungsbrücken

Geschäftshäuser umgewandelt worden. In den Lücken zwischen den alten Speichern entstanden direkt am Elbufer elegante Neubauten mit schönem Ausblick auf die Elbe und ihren regen Schiffsverkehr.

TOUR-START:
CITY-SPORTHAFEN 16 F6

Die von Zaha Hadid geplante **Hafenpromenade** dient seit 2014 als Bollwerk gegen Sturmfluten. Als Spazierweg bietet sie ein grandioses Hafenpanorama. Auf dem Weg bis zu den Landungsbrücken streift man den **City-Sporthafen**, in dem Gäste ihre Boote, vom kleinen Segelschiff bis zur meterlangen Motorjacht, »parken«. Ein paar Bootslängen weiter liegt das *Feuerschiff LV 13*. Der knallrote Schiffsveteran wies einst in englischen Gewässern anderen Schiffen den Weg.

ZWISCHENSTOPP: RESTAURANT
Feuerschiff-Restaurant 6 €–€€ F6
Zum sonntäglichen Jazz-Frühschoppen und Blue-Monday-Abend hört man aus dem Maschinenraum beschwingten Jazz, Blues und Swing. In den fünf Doppel- und zwei Einzelkajüten kann man sich auch von den Wellen in den Schlaf wiegen lassen.
• Vorsetzen | Tel. 36 25 53
www.das-feuerschiff.de

AUSRÜSTERMEILE UNTER DER HOCHBAHN
Im Bereich des überflutungsgefährdeten Elbufers baute man 1912 den U-Bahn-Abschnitt zwischen den

20 Alter Elbtunnel
21 Fischmarkt
22 Fischauktionshalle
23 Stadtlagerhaus
24 Cruise Center Altona
25 Dockland
26 Elbkaihaus
27 Donners Park
28 Museumshafen Övelgönne

Blick auf das Museumsschiff *Cap San Diego*, dahinter ragt der Michel empor

Stationen Rödingsmarkt und Landungsbrücken oberirdisch als Viadukt. Wer auf dieser **Teilstrecke der Linie U3** fährt, erlebt fast das gesamte östliche Hafenpanorama im Zeitraffertempo.

Unten in den Straßen Johannisbollwerk, Vorsetzen und Rödingsmarkt entlang der U-Bahn betreiben Schiffsaurüster ihre Läden. Sie sind eine reichhaltige Fundgrube für alles, was man an Bord – und nicht nur dort – an Tauwerk, Werkzeugen, Messingbeschlägen, Kompassen, Bootslack, Navigationsgeräten und Wetterjacken braucht. Ganz heimattreu sind die Unikate von **The Art of Hamburg** – von stimmungsvollen Fotos bis zum Bastelbogen (Ditmar-Koel-Str. 19, Ⓤ3 Landungsbrücken, Tel. 41 42 44 19).

MUSEUMSSCHIFFE

Die überdachte **Überseebrücke** 17 F6 wurde für die Gäste der Passagierdampfer gebaut, die hier früher in Richtung Neue Welt ablegten. Hier liegt die *Cap San Diego*. Der 160 m lange »weiße Schwan des Südatlantiks« diente von 1962 an als Stückgutfrachter, bis er 1986 in ein Museum umgewandelt wurde. Meist liegt er als Museums- und Restaurantschiff an der Übersee-

---

🗨 PORTUGIESENVIERTEL

Die Ditmar-Koel-Straße ist nur kurz, besitzt aber vier **Seemannskirchen** aller skandinavischen Länder: Die dänische, norwegische und finnische Kirche stehen am Nordende der Straße, die schwedische am Südende. Als Gegenstück verbreitet im Dreieck Ditmar-Koel-Straße, Johannisbollwerk und dem Gruner + Jahr-Komplex das **Portugiesenviertel** ausgesprochen südländisches Flair. Die portugiesischen und spanischen Restaurants und Straßencafés sind sehr beliebt. Und es sind nicht nur die knapp 9000 Portugiesen in der Stadt, die hier gern essen.

In dem familiär geführten Restaurant **A Varina** €–€€ F5 werden Fisch- und Fleischgerichte nach überlieferten Rezepten zubereitet (Karpfangerstr. 16, Di–So). Leckeren Fisch und Meeresfrüchte gibt es bei **D. José** €–€€ F5 (Ditmar-Koel-Str. 11) und beim Spanier **Casa Ricardo** €–€€ F5 (Rambachstr. 7).

brücke und bietet als originelle Hotelbleibe drei Kabinen › S. 35. Das Schiff ist aber noch seetüchtig und geht hin und wieder auf einen Törn (www.capsandiego.de, tgl. 10 bis 18 Uhr.

Nur wenige Meter stromabwärts liegt die **Rickmer Rickmers** 18 E5 vor Anker. Auch sie ist ein Museumsschiff, aber eine andere Generation. 1896 wurde die Dreimastbark als Lastensegler in Dienst gestellt. In Portugal diente sie bis 1962 als Schulschiff. Schiffsenthusiasten holten den Veteranen nach Hamburg zurück, brachten ihn auf Vordermann und funktionierten den ehemaligen Frachtraum zum Restaurant um (tgl. 10/11–18, im Sommer z. T. länger, www.rickmer-rickmers.de). › mehr S. 12 Punkt ❷

LANDUNGSBRÜCKEN 19 E5

Das lang gestreckte Empfangsgebäude der St. Pauli-Landungsbrücken mit der lebhaft befahrenen Elbe dahinter, Docks und Werftkränen gegenüber gehört zu den beliebtesten Fotomotiven. Bewegliche Stege (»Brücken«) führen zum »Schiffsbahnsteig« auf der Elbe. Hier legen Hafenfähren, Rundfahrt- und Ausflugsschiffe sowie der Katamaran nach Helgoland ab. Die Zeiten, als hier noch die großen Überseedampfer und Seebäderschiffe vor Anker lagen, sind längst Vergangenheit.

Auf einer fast 1000 m langen Kette von Pontons befinden sich Restaurants, Kioske und Souvenirshops, im Stockwerk darüber gibt es sogar Aussichtsterrassen. Und alles

GRATIS ENTDECKEN

- **Stadtrundfahrt mit der U3:** Die Linie U3 › S. 27 zeigt im Rundkurs von Barmbek über die Landungsbrücken die schönen Seiten der Stadt. Eine passende Audioguide-App kann auf www.hvv.de heruntergeladen werden.
- **StadtRAD:** Nach der Registrierung (5 €) sind jeweils die ersten 30 Min. Fahrradnutzung ab Station kostenlos, danach 8 ct/Min. oder 12 €/24 Std. › S. 30.
- **HafenCity InfoCenter:** Über das Jahrhundertprojekt HafenCity informieren die Dauerausstellung im Kesselhaus HafenCity-InfoCenter › S. 89 und der Nachhaltigkeitspavillon Osaka 9 › S. 91.
- **Mit Elbfähren am Hafen entlang:** Für den Preis eines HVV-Tickets kann man mit den öffentlichen HADAG-Fähren 62 ab Landungsbrücken die Elbe kreuzen nach Finkenwerder und von dort mit Linie 64 bis Teufelsbrück fahren › S. 100.
- **Plaza:** Die Panoramaebene der Elbphilharmonie steht allen offen, der Aufenthalt ist limitiert. Hoher Besucherandrang – am besten bucht man ein Ticket online (2 €) › S. 90.
- **Wasserlichtorgel im Park Planten un Blomen:** Bunte Fontänen tanzen Mai-Aug. tgl. um 22 Uhr, Sept. um 21 Uhr, zur Musik auf dem Parksee – immer wieder schön anzusehen › S. 126.

AUF ELBE UND ALSTER

Fast lautlos gleiten die Alsterdampfer durch Hamburgs grünes Zentrum

HAFENRUNDFAHRTEN UND FAHRTEN AUF DER ELBE

»He lücht« (er lügt) heißen die Hamburger Hafenerklärer, oft langjährige Kapitäne, die während der einstündigen **Großen Hafenrundfahrt** munter über Hafen und Handel plaudern. Von den größeren Schiffen hat man eine grandiose Weitsicht, sie schippern zu den modernen Hafenanlagen. Die kleinen Barkassen (z. B. mit www.stattreisen-hamburg.de) fahren auch durch die Speicherstadt, was den großen Schiffen verwehrt bleibt. Los geht es ab Überseebrücke F6, Hohe Brücke F5 oder Landungsbrücken E5. Innen liegen die Barkassen, außen die größeren Schiffe.

- Ganzjährig ständige Abfahrten
  Erw. ab ca. 18 €, Kinder ab ca. 9 €

Schiffstourenfans können die Elbe auch preiswert auf Fahrten mit den öffentlichen **HADAG-Fähren** nach Övelgönne und Teufelsbrück erkunden › S. 100. Ein Vergnügen sind **abendliche Erlebnistörns auf der Elbe** mit Musik und Tanz.

- www.bordparty.de

AN BORD DER ALSTERFLOTTE

In den Sommermonaten startet alle halbe Stunde eine 50-minütige **Alsterrundfahrt** (16 €) mit Erklärungen. Eine **Kanalfahrt** (20 €) führt über die Alster zum Alsterlauf und durch idyllische Seitenkanäle.

Um 20 Uhr wird diese Tour zum Dämmertörn (22 €). Solange kein Eis die Fahrt behindert, kann man sich bei winterlichen Alsterrundfahrten (Nov.–Anf. April) mit Glühwein aufwärmen.

Die **Alsterkreuzfahrt** fährt vom Jungfernstieg G5 alle Anleger an.

- www.alstertouristik.de, April–Sept.

schwimmt. Der Tidenhub beträgt rund 3,70 m; das Auf und Ab des Wassers machen die Pontons mit und ermöglichen so eine immer gleich bleibende Einstiegshöhe in die Schiffe. Den aktuellen Wasserstand zeigt die Skala am Uhrturm des Empfangsgebäudes an: Schwarze Zahlen geben die Dezimeter über Niedrigwasser an, rote Zahlen die darunter.

Viele Schiffe laden von hier aus zu Hafenrundfahrten ein. Die halb offenen Barkassen bieten den Vorteil, dass Sie bei geeignetem Wasserstand auch durch die Fleete der Speicherstadt schippern können.

ALTER ELBTUNNEL [20] 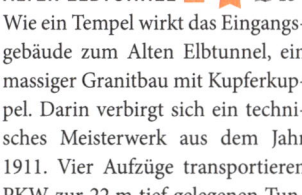 E5

Wie ein Tempel wirkt das Eingangsgebäude zum Alten Elbtunnel, ein massiger Granitbau mit Kupferkuppel. Darin verbirgt sich ein technisches Meisterwerk aus dem Jahr 1911. Vier Aufzüge transportieren PKW zur 22 m tief gelegenen Tunnelsohle hinunter, wo sie dann in zwei 427 m langen Röhren die Elbe unterqueren (2 €, Mo–Fr 8–18 Uhr; zurzeit wegen Sanierung Einbahnstraße, bis 13 Uhr Nord-Süd, dann Süd-Nord).

Zu Fuß durch den Elbtunnel: Fußgänger und Radfahrer zahlen nichts in den modernen Liften und können sogar rund um die Uhr durch die keramikgekachelte Röhre wandern und vom Südufer der Norderelbe den Blick auf die Hamburger Skyline bewundern. › mehr S. 12 Punkt ❹

Das denkmalgeschützte Bauwerk entstand während des Schiffbau-Booms vor dem Ersten Weltkrieg. Durch den Tunnel konnten Arbeiter und Materiallieferungen bei allen Wetterbedingungen sicher zur Werft von Blohm & Voss auf der Hafeninsel Steinwerder gelangen, unabhängig von Sturmflut oder Eisgang, die die Einstellung des Fährbetriebs zur Folge gehabt hätten.

Der Alte Elbtunnel verbindet St. Pauli mit der Elbinsel Steinwerder

FISCHMARKT 21 8 D5

Sonntagsverkauf war schon im 18. Jh. ein heikles Thema. Aber die Altonaer Fischer überzeugten die Obrigkeit mit einem guten Argument: Fisch muss frisch auf den Tisch! Seit 1703 durften sie daher sonntags von 5.30 bis 9.30 Uhr ihre leicht verderbliche Ware auf dem Fischmarkt anbieten, anschließend schafften sie es noch pünktlich in die Kirche. Heute gibt es neben ein paar Fischständen auch Obst, Gemüse, Pflanzen, Spielzeug, Textilien und jede Menge Hamburg-Souvenirs, aber mit der Einhaltung der Verkaufszeiten ist die Marktaufsicht immer noch streng. Dafür geht es unter Marktschreiern und Kunden umso lockerer zu.

In den Kneipen rund um den Markt und in der restaurierten

> **ELBFÄHREN**
>
> Eine reizvolle Ergänzung zur Hafenrundfahrt ist eine Fahrt mit den öffentlichen HADAG-Fähren auf der Elbe. Es genügt ein HVV-Ticket oder die Hamburg CARD. Mit Linie 62 geht es ab Landungsbrücken nach Finkenwerder (Dauer 30 Min., Abfahrt alle 15 Min.), von dort mit Fährlinie 64 nach Teufelsbrück (Dauer 10 Min., alle 30 Min.).
>
> Nach einer Pause im Restaurant Engel › S. 105 spaziert man auf dem Elbuferweg nach Neumühlen (ca. 30 Min.). Von dort geht es mit Linie 62 wieder zurück an die Landungsbrücken.

Fischauktionshalle 22 D5 von 1896 wird Musik von Hand und Band gemacht, fröhlich gesungen, geschnackt, gegessen und gegen den Kater der durchzechten Nacht angekämpft.

ZWISCHENSTOPP: RESTAURANT
Alt Helgoländer Fischerstube 7
€€ D5
Von hier überblickt man den Fischmarkt und die Elbe und genießt norddeutsche Spezialitäten oder nur ein Bierchen.
• Fischmarkt 4 | tgl. ab 12 Uhr

GROSSE ELBSTRASSE C5–D6

Das wuchtige Mauerwerk des 100-jährigen **Stadtlagerhauses** 23 D5 und einer **Getreidemühle** von 1880 direkt an der Elbe blieb original erhalten, doch das Innere der Gebäude wurde entkernt und beherbergt heute Ateliers, Lofts und Garagen (Nr. 27). Im **Elbspeicher,** einem kompakten Backsteinbau, sind Büros und Geschäfte untergebracht (Nr. 39). Hinter der Backsteinfassade einer ausgedienten Mälzerei entstand mit dem **Stilwerk** ein Mekka für modernes Wohndesign mit über 25 Geschäften (Nr. 68, › S. 41).

Im westlichen Abschnitt der Großen Elbstraße werden in Kühlhäusern noch immer viele Tonnen Fisch gelagert und auf dem **Fischgroßmarkt** verkauft. Die Meeresbewohner kommen aber nicht mehr per Schiff hierher, sondern per Flugzeug und Kühltransporter. Noch vor wenigen Jahren baggerten die Mädchen des Straßenstrichs hier die LKW-Fahrer an. Heute ist die holprige Straße mit der Aussicht

DER HAFEN ALS PARTYMEILE

Spektakuläre Ozeangiganten wie der Luxusliner *Queen Mary 2*, komplizierte Eindockmanöver großer Pötte ins Dock Elbe 17 von Blohm & Voss, eine festliche Schiffstaufe wie 2019 die der riesigen *MSC Grandiosa* oder das alljährliche Silvesterfeuerwerk locken jedes Mal Hunderttausende ans Elbufer rund um die Landungsbrücken.

Besonders großer Trubel herrscht beim alljährlichen **Hafengeburtstag**. Das Jubiläum erinnert an die kaiserlichen Hafenprivilegien von 1189 > S. 11, 50 und bringt immer um den 7. Mai herum weit über eine Million Menschen an die Hafenkante. Dann gleiten große Traditionssegler über die Elbe, Feuerwehrlöschboote führen Fontänenparaden auf, Fallschirmspringer landen auf winzigen Pontons und die PS-starken bulligen Hafenschlepper tanzen Ballett auf dem Strom. Auf den Straßen und Plätzen am Ufer herrscht Jahrmarkt, aus dem Alten Elbtunnel hallen Jazzklänge.

Bei den **Hamburg Cruise Days** (in ungeraden Jahren, während der Kreuzfahrtmesse Seatrade Europe) erweitern sich die Festaktivitäten fast auf die gesamte seeschifftiefe Elbe. Zwischen den Kreuzfahrtterminals HafenCity und Altona kann man im illuminierten Hafen (»Blue Port«) Paraden von Kreuzfahrtschiffen ein- und auslaufen sehen oder sie sogar mit Schiffen bis zur Elbmündung begleiten. Und Feuerwerk gehört natürlich immer dazu.

Eleganter Traditionssegler beim Hafengeburtstag

Im Bürohaus Dockland residiert auch eine Wirtschaftshochschule

auf den Elbstrom ein Dorado für Liebhaber von Fisch und Meeresfrüchten. Vom schlichten Fischimbiss bis zum Luxusrestaurant – an der **Großen Elbstraße** zwischen Fischmarkt und Övelgönne findet jeder seine passende Futterkrippe.

ZWISCHENSTOPP: RESTAURANTS
Fisch und so ❽ € D6
Der schlichte Imbiss mit Biertischen in und vor der Altonaer Auktionshalle wartet bei fairen Preisen mit soliden Portionen frischen Fischs auf.
- Große Elbstraße 117 | Tel. 3 89 31 09
  Mo-Fr 9-17, Sa/So 11-18 Uhr

Henssler & Henssler ❾ €€€ D5
Ein anspruchsvolles Sushi-Restaurant mit Bar, Gastraum und Terrasse.
- Große Elbstraße 160 | Tel. 38 69 90 00
  hensslerhenssler.de
  Mo-Sa 12-15, 18-23.30 Uhr

Fischereihafen ❿ €€€ C6
Eine Top-Adresse für Fischliebhaber – in der legendären Oyster Bar schlürft man nicht nur Austern.
- Große Elbstraße 143 | Tel. 38 18 16
  www.fischereihafenrestaurant.de

SHOPPING
Hummer Pedersen D5/6
Hier kaufen Hobbyköche und Profis gerne ein. In dem Bistro kann man die Delikatesse bei einem guten Glas Wein verkosten.
- Große Elbstraße 152
  www.hummer-hamburg.com
  Verkauf Mo-Fr 8-14, Sa 8-12 Uhr,
  Bistro Mo-Mi 12-18, Do-So bis 22 Uhr

Rindchen's Weinkontor Outlet C5
Hier gehen Weinfreunde in den attraktiven Restbeständen dieses renommierten Weinhandels auf Schnäppchenjagd.
- Große Elbstraße 135 | www.rindchen.de
  Mo-Fr 11-19, Sa 10-16 Uhr

BAUBOOM AM ALTONAER HAFEN

Im **Holzhafen** und **Altonaer Fischereihafen** am Ufer der Großen Elbstraße machten früher Holzfrachter und Fischereifahrzeuge fest, doch diese Zeiten sind vorbei. Ein futuristisches Wohnhochaus und ein Bürokomplex vervollständigen die architektonisch interessante Uferpartie.

Neben dem ehemaligen Terminal der Hamburg-Harwich-Linie hat sich das **Cruise Center Altona** 24 C6 angesiedelt, da der Liegeplatz für Luxusliner in der HafenCity zu Spitzenzeiten nicht mehr ausreichte. Vom Besucherdeck auf dem Terminaldach hat man einen großartigen Ausblick auf den Hafen und die Schiffe. Noch größer und moderner ist das Cruise Terminal Steinwerder, das 2015 gegenüber auf der Insel Steinwerder mitten im Hafen in Dienst gestellt wurde.

Außentreppen führen auf das Dach des ungewöhnlichen Bürohauses **Dockland** 25 C6 und ermöglichen einen schönen Ausblick auf die Elbe. Das wie ein dynamischer Schiffsbug geformte Gebäude ist am Reißbrett des prominenten Architektenbüros Bothe Richter Teherani (BRT) entstanden. Die HADAG-Fähre 62 hält unmittelbar am Haus. Weitere spannende Bauten von BRT sind am Elbhang zu entdecken.

Das **Elbkaihaus** 26 C6, ein entkerntes Kühlhaus am Fischereihafen, dient heute als hochmodernes Bürogebäude (Architekten: GMP) mit mehreren feinen Restaurants. Die Kaikräne an der Wasserseite sind bloße Erinnerungsstücke.

NEUMÜHLEN

Wer Elbe und Hafen nicht nur aus Meereshöhe betrachten möchte, folgt der Straße »Elbberg« aufwärts und freut sich über den weiten Blick vom Park Altonaer Balkon auf den Köhlbrandkanal und die elegante Hochbrücke darüber. Ein grüner Spazierweg mit Fernsicht aufs Elbtal führt durch den **Donners Park** 27 B/C5 und über Treppen wieder nach unten ans Elbufer von Neumühlen. Die Industriebetriebe sind, bis auf das massige Union-Kühlhaus direkt am Strom, verschwunden. Vollständig umgebaut beherbergt es heute das **Augustinum,** eine exklusive Seniorenresidenz.

MUSEUMSHAFEN ÖVELGÖNNE 28 9 B6

Gleich unterhalb des Augustinums, am Anleger Neumühlen, dümpeln zwei Dutzend Schiffsveteranen im **Museumshafen Övelgönne**. Von Liebhaberklubs originalgetreu restauriert und gut in Schuss gehalten, erinnern Eisbrecher, Dampfer und ein knallrotes Feuerschiff an die beschwerliche Seefahrt vor dem 21. Jh. Mit Glück kann man ein Schiff von innen besichtigen oder an einem Törn teilnehmen, denn alle Schiffe sind seetüchtig (www.museumshafen-oevelgoenne.de).

ZWISCHENSTOPP: RESTAURANTS

Das **Museumshafen-Café** 11 € B6 am Anleger Neumühlen war einmal eine HADAG-Fähre.

Strandklub-Ambiente mit Elbblick bietet der Biergarten vom **Café Elbterrassen** 12 €€ B6, Övelgönne 1.

TOUR 6

DER ELBUFERWEG BIS WEDEL

VERLAUF: Övelgönne > Teufelsbrück > Jenischpark > Loki-Schmidt-Garten > Blankenese > Wedel

KARTE: Seite 104
DAUER: 1/2 Tag
PRAKTISCHE HINWEISE:
- **Start:** Fähre 62 Neumühlen
- **Ziel: Bus 189,** Ⓢ1 Wedel
- Die mindestens 15 km lange Wegstrecke (mit Abstechern) ist ideal zum Wandern oder Radeln.
- Für die Rückfahrt ab Wedel oder auch für Teilstrecken eignet sich die S-Bahn (Ⓢ1), in der man Fahrräder kostenlos mitnehmen darf (Mo–Fr 9–16 und ab 18 Uhr, Sa/So ganztägig).
- Der Elbuferweg ist bei jedem Wind und Wetter reizvoll.

Oben auf dem Plateau des bewaldeten Hochufers der Elbe zieht sich Hamburgs allerfeinste Adresse, die Elbchaussee, über 8 km hin. Unten am Wasser führt der grüne Uferweg über sandige Elbstrände und Ausflugslokale direkt an der Elbe entlang, eine echte »Fernwehstrecke« wegen der Schiffe, die hier ständig vorüberziehen. Wanderer auf den Europäischen Fernwanderwegen Nr. 1 und 9, Pilger auf dem Baltischen Jakobsweg und Radler der EuroVelo 12 und des Elberadwegs trifft man auf dieser schönen Etappe. › mehr S. 12 Punkt ❶ und S. 18 Punkt ㊴

TOUR-START:
ÖVELGÖNNE ㉙ B6

Das sandige Ufer von Övelgönne war schon im 19. Jh. ein beliebtes Ausflugsziel. Ein schmaler Pfad führt anfangs an schmucken Backsteinhäuschen vorbei. Nichts Großstädtisches hat dieses Idyll. Am weißen Elb-Sandstrand tummeln sich im Sommer Hunderte von Sonnenhungrigen. Der Blick auf den Fluss ist mit und ohne vorbeifahrende Schiffe auf jedem Meter ein Erlebnis.

ZWISCHENSTOPP: RESTAURANT
Strandperle ⑬ €–€€ A6

Mit einem Drink in der Hand den Sonnenuntergang zu schauen, ist seit Jahren Kult.

TOUREN AN DER ELBE
TOUR ❻
DER ELBUFERWEG BIS WEDEL

- Övelgönne 60
  www.strandperle-hamburg.de
  > mehr S. 16 Punkt 27

NACH TEUFELSBRÜCK

Der 217 t schwere Granitfindling **Alter Schwede** markiert auf der Höhe von **Schröders Elbpark** 30 A5 den Uferweg. Nachweislich ist er vor Jahrtausenden mit eiszeitlichen Gletschern vom schwedischen Småland bis hierher gewandert. Ein Gedenkstein mit Flutmarken zeigt beim Anleger **Teufelsbrück** 31 die höchsten Wasserstände der Sturmfluten von 1962 und 1976 an. Übermannshoch stand das Wasser, die in Ufernähe verlaufende Elbchaussee war überschwemmt. Von hier sieht man das **Airbus-Werk**, das sich am gegenüberliegenden Ufer befindet.

Wer hier umkehren möchte, kommt mit den Buslinien 21, 36, 39, E86 und 286 sowie mit den Fähren 64 und 62 ab Finkenwerder zurück zur City.

ZWISCHENSTOPP: RESTAURANT

Restaurant Engel 14 €€
Auf dem Ponton des Fähranlegers werden Kaffee, Kuchen und Speisen angeboten.
- Anleger Teufelsbrück
  Mo–Sa ab 12, So ab 10 Uhr

JENISCHPARK

Die schneeweiße klassizistische Villa des Senators Martin Johann Jenisch thront seit 1834 einsam am höchsten Wiesenhang. Sowohl die Lage als auch der Ausblick sind zauberhaft. Das **Jenischhaus** 32 dient heute als Museum für großbürgerliche Wohnkultur (Baron-Voght-Str. 50, www.jenisch-haus.de, Mi bis Mo 11–18 Uhr). Den umliegenden Jenischpark gestaltete der Besitzer

- 29 Övelgönne
- 30 Schröders Elbpark
- 31 Teufelsbrück
- 32 Jenisch-Haus
- 33 Ernst Barlach Haus
- 34 Loki-Schmidt-Garten/ Botanischer Garten
- 35 Derby Park Klein Flottbek
- 36 Nienstedten Dorfkirche
- 37 Blankenese
- 38 Falkenstein und Wittenbergen
- 39 Wedel

Im Ernst Barlach Haus

um, nachdem er 1826 das Gelände seines Patenonkels Caspar Voght gekauft hatte. Der hatte die Idee der »ornamented farm« aus England importiert, die Landschaftsgestaltung und Landnutzung verband. Auf dem Parkgelände stiftete Hermann F. Reemtsma 1961 das **Ernst Barlach Haus** 33 mit Skulpturen des in Wedel geborenen Künstlers (Baron-Voght-Str. 50a, www.ernst-barlach-haus.de, Di–So 11–18 Uhr).

KLEIN FLOTTBEK

Klein Flottbek heißen Stadtteil und S-Bahn-Station nach dem Flüsschen, das auch durch den Jenischpark rinnt. Im Norden des einstigen Voght'schen Guts entstand der **Loki-Schmidt-Garten** 34, nachdem der Alte Botanische Garten am Wallring keine Erweiterungschancen mehr bot. Südlich der S-Bahn fiebern Zuschauer alljährlich beim Deutschen Spring- und Dressur-Derby auf dem **Derbyplatz Klein Flottbek** 35 (www.nfr-hamburg.de).

NIENSTEDTEN

Nienstedten hat mit **Dorfkirche** 36, Fachwerk- und Backsteinhäusern ein wenig ländliche Atmosphäre bewahrt. Der Friedhof zeigt sich städtischer: Viele Elbchaussee-Anwohner leisteten sich hier aufwendige Grabstätten. Auf der Südseite der Elbchaussee steht seit 200 Jahren das **Luxushotel Louis C. Jacob**, dessen Restaurant **Jacobs** vielfach prämiert wurde › S. 36. Die lindenbestandene Terrasse hat Max Liebermann in einem impressionistischen Ölgemälde verewigt, das in der Hamburger Kunsthalle zu sehen ist.

ZWISCHENSTOPP: RESTAURANT
ELV Restaurant 15 €–€€
Am Uferweg genießt man mit Elbblick norddeutsche oder mediterrane Kost.
• Elbuferweg 80 | www.elv-restaurant.de

BLANKENESE 37 ★

Wie ein Küstenort am Mittelmeer wirkt Blankenese vom Wasser aus. Malerisch kleben die Häuser am steilen, wie ein Amphitheater geformten Elbhang. Eine enge, kurvenreiche Straße windet sich von der Blankeneser Hauptstraße hinunter zum Elbufer. Wer nicht fahren mag, benutzt eine der 58 Treppen im steilen Treppenviertel. Immer mehr schicke Villen drängen sich in das fast dörfliche Idyll, einst Domizil von Kapitänen, Lotsen und Fischern. Wohlhabende Individualisten, Künstler und Promis finden es schick, hier zu wohnen. Die Grundstückspreise sind entsprechend hoch. › mehr S. 12 Punkt ❸

Ein beliebtes Ausflugsziel ist der 75 m hohe **Süllberg** mit Luxushotel, Restaurant mit zwei Michelin-Sternen und Kaffeeterrasse. Der Ausblick auf die Elbe ist zauberhaft. Unten am Ufer breitet sich ein schöner Sandstrand aus. Vom Fähranleger **Blankeneser Bull'n** pendelt mehrmals täglich eine Fähre nach **Cranz** im Alten Land.

ZWISCHENSTOPP: RESTAURANT
Sagebiels Fährhaus ⓰ €€
Hier kreuzten die Fährleute schon im Mittelalter die Elbe; mit Sommerterrasse.
- Blankeneser Hauptstr. 107
  www.sagebiels.com
  Mi–Fr 17–22, Sa/So 12–22 Uhr

FALKENSTEIN UND WITTENBERGEN 38

Im hügeligen Waldland des Falkensteins ist im Landhaus Michaelsen das **Puppenmuseum Falkenstein** untergebracht. Das Landhaus ist ein gutes Beispiel für »Neues Bauen« in den 1920er-Jahren (Grotiusweg 79, www.elke-droescher.de, Di–So 11 bis 17 Uhr). Der weiße Strand von **Wittenbergen** bietet Campern Robinson-Atmosphäre am großen Strom. Die Bucht mit Anleger ist im Sommer Ziel vieler Strandfreunde.

WEDEL 39

Der nächste öffentliche Anleger stromabwärts ist das Willkomm-Höft, die weltberühmte Schiffsbegrüßungsanlage in Wedel. Seit 1949 lässt der findige Gastwirt vom **Schulauer Fährhaus** für die Hamburg anlaufenden Schiffe ab 1000 BRZ über Lautsprecher die Nationalhymne des Landes abspielen, in dem sie registriert sind; die Seeleute werden in der Landessprache willkommen geheißen und dippen zum Dank ihre Flagge. Die Gäste erfahren Wissenswertes über das Schiff von einer Mannschaft altgedienter Kapitäne und kundiger Hobbynautiker.

Das Städtchen Wedel war schon im Mittelalter ein wichtiger Umschlagplatz für Ochsen aus Jütland. Die gedrungene Steinfigur des **Roland** auf dem Marktplatz ist Symbol des früheren Handels. An den berühmtesten Sohn der Stadt erinnert das **Ernst Barlach Museum** im Geburtshaus des expressionistischen Künstlers (Mühlenstr. 1, 22880 Wedel, www.ernst-barlach.de, Di–So 11–18 Uhr).

ZWISCHENSTOPP: RESTAURANT
Schulauer Fährhaus ⓱ €€
Im Sommer ist die Caféterrasse beliebt.
- Parnaßstraße 29 | 22880 Wedel
  www.schulauer-faehrhaus.de
  Mo–Sa 11.30–23, So ab 9.30 Uhr

TOUR 7
HAMBURGS HAFENINSELN

VERLAUF: Werft Blohm & Voss > Köhlbrandbrücke > Hafenmuseum > BallinStadt > Neue Mitte Wilhelmsburg > Harburger Binnenhafen

KARTE: Seite 109
DAUER: 1/2 Tag
PRAKTISCHE HINWEISE:
- **Start:** Ⓢ/Ⓤ Landungsbrücken
- **Ziel:** Ⓢ3/31 Harburg Rathaus
- Der Ausflug ist für Fahrrad oder Auto konzipiert. Die Köhlbrandbrücke kann man allerdings nur motorisiert überqueren. Seit dem Ende der Internationalen Bauausstellung (IBA) und der Gartenschau (igs) 2013 sind deren Projekte gern besuchte Ziele. Die hochinteressante nachhaltige Architektur und ein vielseitiger Stadtpark bleiben für die Zukunft.

Durch den Alten Elbtunnel gelangt man von den Landungsbrücken ans Südufer der Norderelbe. Der pittoreske Rundblick von hier aus wird nur noch vom großartigen Ausblick von der 55 m hohen Köhlbrandbrücke getoppt. Im Nordostteil des Hafens begibt man sich im Hafenmuseum und in der BallinStadt auf eine interessante Zeitreise durch die Geschichte des Hafens und auf die Spuren der Auswanderer im 19. und 20. Jh. Zwischen Norder- und Süderelbe hat das grüne Industrie- und Wohnviertel Wilhelmsburg durch die IBA und igs 2013 auf sich aufmerksam gemacht: Die größte Elbinsel erfindet sich auch weiterhin neu.

TOUR-START:
AM ALTEN ELBTUNNEL

Nach der Passage durch den 427 m langen Alten Elbtunnel › S. 99 sollte man nicht erschrecken, wenn die grauen Flutschutzmauern in den Blick kommen. Hinter dem Liftgebäude lädt das grandiose Stadtpanorama samt Michel ein, fotografiert zu werden. Nebenan erstreckt sich schon seit 1877 das Betriebsgelände der **Werft Blohm & Voss** 40 📕 E6 und mit 351 m Länge und 60 m Breite das größte Dock im Hafen. Die große Zeit der Schiffbauer ist Vergangenheit. Heute stehen jedoch neben Schiffsüberholungen eher ausgefallene Schiffsneubauten

TOUREN AN ELBE & HAFEN
TOUR 7
HAMBURGS HAFENINSELN
- 40 Werft Blohm & Voss
- 41 Musicaltheater
- 42 Köhlbrandbrücke
- 43 Container-Terminal Altenwerder
- 44 Hafenmuseum
- 45 BallinStadt
- 46 Energieberg
- 47 Energiebunker
- 48 Neue Mitte Wilhelmsburg
- 49 Museum Elbinsel Wilhelmsburg
- 50 Naturschutzgebiet Heuckenlock
- 51 Harburger Binnenhafen

wie Luxusjachten oder Marineschiffe auf der Auftragsliste (Hermann-Blohm-Str. 3).

MUSICALS IM HAFEN 41 E6

Am schnellsten geht es mit der Fähre 75 ab Landungsbrücke 1 zu den zwei Musicaltheatern auf Steinwerder. Die auffällige blassgelbe Zeltkonstruktion **Theater im Hafen** wurde 1994 für das Musical »Buddy Holly« errichtet, durch feste Anbauten hat der Bau seinen provisorischen Charakter verloren. Seit 2001 spielt hier das Musical »Der König der Löwen« › S. 44. Das neue **Theater an der Elbe** bietet wechselnde populäre Musicals, sehenswert ist die moderne Kunstsammlung im Foyer.

ZWISCHENSTOPP: RESTAURANT
Skyline-Restaurant 18 €€ E6
Für Musical-Besucher wird zum Blick auf Hamburgs City ein mehrgängiges Menü serviert (reservieren). Bar mit Lounge-Bereich vorhanden. Gruppenarrangements möglich.
- Tel. 0 18 05/44 44
  www.stage-entertainment.de

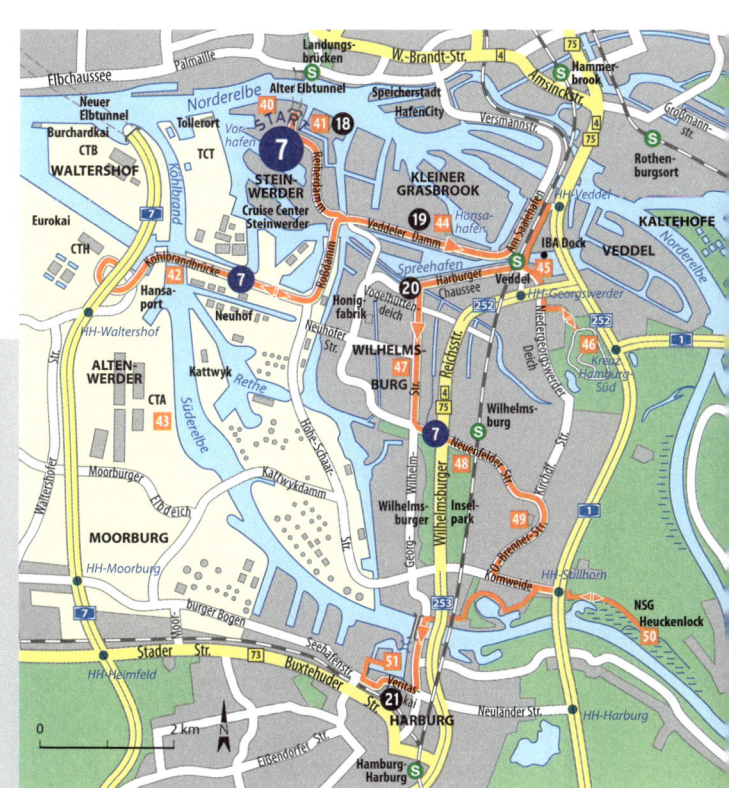

RUNDBLICK VON DER KÖHLBRANDBRÜCKE 42 ⭐

Wer es nicht eilig hat, ist dankbar, wenn auf der Köhlbrandbrücke der Verkehr stockt, um den atemberaubenden Blick über den Hafen noch etwas länger genießen zu können. Hier werden die riesigen Dimensionen sichtbar. Auf 55 m Höhe über dem Köhlbrandkanal sieht man Siloanlagen für Getreide und Ölfrüchte, südlich davon massenhaft neue Autos auf der **Kattwyk-Halbinsel.**

Gegenüber türmen sich Berge von Erz oder Kohle im **Hansaport,** bis zu 100 000 t können am Tag bewegt werden. Gut zu erkennen sind auch die modernen Verladebrücken am vollautomatischen **Container-Terminal Altenwerder** 43.

In das Grünland von Moorburg dahinter kann sich der Hafen bei Bedarf zukünftig ausdehnen. Beim Blick nach Westen sieht man in der Ferne das Band der Elbe am Horizont verschwinden.

Am **Eurokai** und gleich nebenan am **Burchardkai-Container-Terminal** türmen sich haushoch bunte Containerstapel. Die eiförmigen Bauten am Ostufer des Köhlbrands sind Faultürme eines Klärwerks.

Unvergesslich ist der Ausblick von der Hochbrücke auf die Innenstadt. Man fährt seit 2015 nahe an Hamburgs drittem Kreuzfahrtterminal am Kaiser-Wilhelm-Hafen auf Steinwerder vorbei › S. 103.

HAFENMUSEUM 44

Am 400 m langen Kai im **Hansahafen** landeten noch vor wenigen Jahrzehnten Stückgutfrachter säckeweise Kaffee, Zucker, Gewürze und Kisten aller Art an. Der Containerverkehr hat solche Bilder fast völlig verschwinden lassen.

Das Hafenmuseum bewahrt im Hafen-Museumspark Erinnerungen an die Zeit jenseits von Containern und Computern. Auf dem Kai stehen alte Kräne und historische Hafen-Bahnwaggons. Davor liegen Dampfkran, Saugbagger, Schuten, der 94 m lange Stückgutfrachter *Bleichen* und andere Schiffsvetera-

> 💬 **AUGE IN AUGE MIT DEN GIGANTEN**
>
> Eine **dreistündige Busrundfahrt** durch den Hafen zu den hoch gesicherten Kaianlagen bietet die Möglichkeit, das Hafengebiet umfassend kennenzulernen. Die spannende Fahrt führt u. a. über die **Köhlbrandbrücke** und in den Containerhafen. Vorausbuchung ist nötig, auch online buchbar, Personalausweis oder Reisepass erforderlich, Mitnahme von Gepäck nicht gestattet:
> - **Jasper,** Tel. 22 71 06 10, www.jasper.de, Abfahrt Bushaltestelle Ⓤ HafenCity Universität, gegenüber dem HCU-Gebäude 📘 G6. April–Okt. Di 14, Mi, Fr 16, Sa/So 9.30 und 14, sonst nur Sa 9.30 und 14 Uhr, ca. 34 €
> - Ebenfalls über die **Köhlbrandbrücke** gelangt man während der vielseitigen Elbufer-Tour. Anmeldung: Tel. 7 92 89 79, www.die-roten-doppeldecker.de, Start ab St. Pauli Landungsbrücke 📘 E5, Mai–Sept. So 12 Uhr.

Im Auswanderermuseum BallinStadt auf der Veddel

nen vertäut – und das so nostalgisch, dass hier häufig Film- und Fernsehteams zu Gast sind. Seeleute führen kompetent durch das Museum, Interessierten bietet es Führungen im Schwimmdampfkran *Saatsee* und einem Schutendampfsauger (Australiastr. 50 a, www.hafenmuseum-hamburg.de, Ostern–Ende Okt. Mo, Mi–So 10–17/18 Uhr, Kinderprogramm). › mehr S. 17 Punkt ❸❷

ZWISCHENSTOPP: CAFÉ

Die **Kaffeeklappe** ⓭ € ist die letzte historische Kaffeeklappe des Hamburger Hafens. Die kleinen Gerichte und Kuchen können auch draußen verspeist werden.
• im Hafenmuseum

AUSWANDERERWELT BALLINSTADT ㊺ ❿

Über 5 Mio. Menschen wanderten zwischen 1850 und 1934 über den Hamburger Hafen nach Amerika aus. An dem lukrativen Geschäft für Reeder war auch die HAPAG (Hamburg-Amerikanische Packetfahrt-Actiengesellschaft) beteiligt. HAPAG-Generaldirektor Albert Ballin ließ 1901 hafennah im Stadtteil Veddel ein vorbildliches Ausreisezentrum eröffnen, das schon fünf Jahre später erweitert werden musste. Es entstanden 30 Gebäude mit Schlafsälen, Speisehallen, Bädern, Kirchen und Synagoge, die den Emigranten bis zur Abfahrt sichere Unterkunft boten. Drei Doppelpavillons des einstigen Emigrantenzentrums wurden originalgetreu rekonstruiert und sind ein sehr anschauliches Museum. Im Haus 1 erfährt man über Hamburgs Rolle als Auswandererhafen und die Idee des Reedereidirektors, Emigranten einen sicheren Start in die Neue Welt zu ermöglichen. Haus 2 zeigt Ursachen, Hintergründe und Be-

WILHELMSBURG

Die größte Flussinsel der Elbe ist ein Arbeiterviertel mit einer multikulturellen Bevölkerung, auch Landwirtschaft wird noch an einigen Stellen betrieben. Der Name geht zurück auf Herzog Georg Wilhelm von Braunschweig-Lüneburg, der hier im 17. Jh. mit der Eindeichung mehrerer Inseln zwischen Norder- und Süderelbe ein kleines Inselreich für seine Tochter Sophie Dorothea schuf. Es versorgte Hamburg mit Lebensmitteln und Milch. Mit der Industrialisierung im 19. Jh. wuchs der hafennahe Ort stark und zog viele ausländische Zuwanderer an. Auch nach der Eingemeindung in die Stadt Hamburg 1937 hat sich daran nichts geändert.

Vom Horizontweg auf dem Energieberg Georgswerder sieht man Hamburgs Skyline

dingungen der Auswanderungswellen seit dem 16. Jh. weltweit. Haus 3 enthält spannende Sonderausstellungen, das Familienforschungszentrum, wo man ausgewanderten Vorfahren auf die Spur kommen kann, sowie das Restaurant Nach Amerika (Veddeler Bogen 2, Veddel, www.ballinstadt.de, April–Okt. tgl. 10–18, sonst bis 16.30 Uhr). Die Circle-Line-Barkasse hält direkt an der BallinStadt am Müggenburger Zollhafen. Der nahe Bahnhof Veddel Ⓢ3, Ⓢ31 ist nur drei Stationen vom Hauptbahnhof entfernt.

Das auffällig blau-gelbe **IBA DOCK** im Müggenburger Zollhafen diente der Bauausstellung 2013, die städtebauliche Umwälzungen im Stadtteil Wilhelmsburg und Umgebung mit sich brachte, als Informationszentrum. Die IBA ist heute eine Stadtentwicklungsgesellschaft und nutzt das mit den Gezeiten schwimmende »Dock« als Firmensitz.

Die **Internationale Gartenschau** (igs) und die **Bauausstellung** (IBA) werteten den bisher wenig beachteten Süden Hamburgs auf. Buchstäblich »hervorragend« sind zwei Beispiele für nachhaltiges Bauen: Der **Energieberg Georgswerder** 46 ⭐, ein 40 m hoher Altlast-Hügel, produziert Energie aus Wind, Sonne und Gas; sein **Horizontweg** bietet großartigen Ausguck auf Stadt und Elbtal (mit Infozentrum, Fiskalische Str. 2, Wilhelmsburg, April bis Okt. Di–So 10–18 Uhr, Eintritt frei). › mehr S. 12 Punkt ❺

ZWISCHENSTOPP: RESTAURANT
Café Pianola 20 €
Alte Kaffeekannen zieren das urige Café, ein grüner Hinterhof lädt zum Rasten ein. Im Angebot sind Hausmannskost und Kuchen.
• Vogelhüttendeich 62 | Mo–Sa 17–22 Uhr
www.pianola-adomeit.de

Und Wilhelmsburgs Flakbunker von 1943 mutierte mit Blockheizkraftwerk und Sonnenkollektoren zum **Energiebunker** 47 ⭐, fantastisch ist hier die Aussicht vom **Café vju** (Neuhöfer Str. 7, www.vju-hamburg.de, Fr 12–18, Sa/So 10–18 Uhr).

Im Stadtgebiet **Neue Mitte Wilhelmsburg** 48 schuf die IBA ein ganzes Viertel modernster Architektur: Unübersehbar ist das bunt gestreifte Bürohaus der Umweltbehörde, zukunftsweisend u. a. das Wälderhaus oder das BIQ-Haus mit seiner energieproduzierenden Algenfassade (IBA-Projekte: www.iba-hamburg.de/iba-hamburg-gmbh/aktuelles/touren.html). Aus dem igs-Gelände nebenan ist der **Wilhelmsburger Inselpark** mit vielen Sportmöglichkeiten geworden.

Die Ortsgeschichte belegt das **Museum der Elbinsel Wilhelmsburg** 49 im Wilhelmsburger Amtshaus von 1724. Dort sind u. a. die Eindeichung und der Schiffbau auf der Insel dokumentiert (Kirchdorfer Str. 163, www.museum-wilhelmsburg.de, April–Okt. So 14–17 Uhr). ▸ mehr S. 13 Punkt ❽

Das **Naturschutzgebiet Heuckenlock** 50 bewahrt 700 Pflanzenarten in seinen Süßwasserwatten und Tideauen, das ist ein Vielfalt-Rekord für Hamburg – und sogar europaweit selten.

HARBURGER BINNENHAFEN 51

Die schmale Alte Süderelbbrücke von 1899 führt zum Harburger Binnenhafen und ist nur Fußgängern und Radfahrern zugänglich. Das Gewässer, das wie ein unregelmäßiger Industriekanal aussieht, umgab einst das Harburger Schloss von 1642, um seine Überreste entwickelten sich im Rahmen der IBA ein sternförmiger Park und interessante Wohnbauten. Seit ein paar Jahren wandelt sich der Rand der Schlossinsel in ein junges, aufstrebendes Viertel mit frischer Architektur, einer pulsierenden Restaurantszene und spannenden Kulturevents.

Bootsfreunde schätzen den Hafen als Liegeplatz, denn er ist durch die Dockschleusen tideunabhängig. Anfang Juni lockt die Hafeninsel Gäste zum traditionellen **Binnenhafenfest** mit Schiffsparaden.

ZWISCHENSTOPP: RESTAURANT
Momento di ㉑ €€
Zum minimalistischen Ambiente passt die kreative mediterrane Küche.
- Veritaskai 3 | Harburg
  momentodi.com
  Di–Fr ab 12, Sa ab 17 Uhr

> ### 💬 SCHIFFSTOUR
>
> Eine Runde mit der **Maritimen Circle Line** verschafft eine gute Übersicht über die Highlights des Hafens. Alle wichtigen Museen im Hafen, der Speicherstadt und HafenCity werden angefahren, auch die Überseebrücke. Das Tagesticket erlaubt beliebige Aus- und Einstiege. Dauer ca. 1,5 Std. (ab Landungsbrücke 10, Tel. 28 49 39 63, www.maritime-circle-line.de, Mitte März–Anf. Nov. 11, 13, 15, sonst Sa/So 10.55, 12.55, 14.55 Uhr).

WESTLICH DER ALSTER

Kaffeepause in der bunten
Marktstraße im Karoviertel

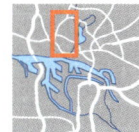

Highlights in Hamburgs Westen sind die angesagtesten Reviere für Nightlife und Kneipenbummel: St. Pauli, Schanzen- und Karoviertel. Grüne Ruhepole sind Planten un Blomen und die Parks an der Außenalster.

In der Gunst der Hansestadt-Besucher steht Hamburgs Westen an der Spitze. Die meisten zieht es dabei vor allem in das brodelnde Leben von St. Pauli und in die benachbarten Trendviertel. Einen größeren Kontrast kann man sich kaum vorstellen, wenn man dann anderntags durch die eleganten Wohnviertel an der westlichen Alsterseite streift.

Der Kiez und die Reeperbahn auf St. Pauli mit ihren prominenten Bühnen, Bars und Musikklubs wirken wie ein gigantischer Magnet auf Touristen. 9 Mio. Besucher lockt allein der Jahrmarkt »Hamburger Dom« an, der dreimal im Jahr auf dem Heiligengeistfeld stattfindet. Gleich nebenan bringt der Kiez- und Kultklub FC St. Pauli seine Anhänger im Millerntor-Stadion zusammen.

Junge Leute zieht es in Scharen in die Kneipen und ins Nachtleben im hippen Schanzenviertel. Ein paar Schritte weiter lockt mit frischem Charme das einst marode Karoviertel Leute, die angesagte Mode und Ausgefallenes suchen, in die Modeateliers, Designer- und Secondhandläden rund um die Marktstraße.

Weitaus formeller geben sich die Aussteller und Besucher in den modernen Messehallen und ab 2020 wieder im zentral gelegenen Congresszentrum CCH am Dammtor,

Graffiti und Street-Art im Schanzenviertel

das derzeit modernisiert wird. Beide liegen in schöner Nachbarschaft zu den grünen und blühenden Parkanlagen am Wallring und zum Park Planten un Blomen.

Verschwenderisch grün sind auch die Wege und Uferstreifen an der Außenalster. In den eleganten Villenvierteln Rotherbaum, Harvestehude und Pöseldorf leben Ärzte, Anwälte und andere Besserverdienende. Viele bedeutende Konsulate haben hier ihren Sitz. Etwas bodenständiger geht es im Universitätsviertel in Alsternähe zu. Wer schick ausgehen und einkaufen möchte, ist auch im pulsierenden Eppendorf an der richtigen Adresse.

TOUREN WESTLICH DER ALSTER

STREIFZUG DURCH ST. PAULI

> **VERLAUF:** Hotel Hafen Hamburg > Davidstraße > Reeperbahn > Große Freiheit > Hans-Albers-Platz > Antoni-Park
>
> **KARTE:** Seite 117
> **DAUER:** 1 Stunde ohne Einkehr
> **PRAKTISCHE HINWEISE:**
> - **Start:** Ⓢ/Ⓤ Landungsbrücken
> - **Ziel:** Ⓢ1, 3 Reeperbahn
> - Wenn sich auf der Reeperbahn partybereite Menschen drängeln, ist wie überall auf der Welt Vorsicht geboten. Lassen Sie Ihre Wertsachen zu Hause, verstauen Sie Ihr Geld an sicherer Stelle und lassen Sie sich die Getränkekarte zeigen, bevor Sie etwas bestellen.
> - Von 20 bis 8 Uhr werden in den Läden und Kiosken Getränke nur in Plastikflaschen verkauft.
> > mehr S. 19 Punkt ㊹

Die Tour führt Sie durch den Kiez, das Viertel mit der höchsten Theater- und Kneipendichte der Stadt, ein schillerndes Kaleidoskop urbaner Vielfalt: Kulturstätten, Bars, Bordelle, Musikklubs, Kirchen, Museen, stille Wohnquartiere einträchtig nebeneinander auf engstem Raum. Besuchen Sie eines der schrägen Theater oder Musicals, bummeln Sie durch die Große Freiheit, genießen Sie ein Bierchen auf dem Hans-Albers-Platz und fühlen Sie sich gut behütet: Das Polizeikommissariat 15, die berühmte Davidwache, ist in der Nähe.

TOUR-START:
BEI DER ERHOLUNG

Das **Hotel Hafen Hamburg** 1 E5 entstand aus einem Seemannsheim an der Seewartenstraße; in der **Tower Bar** fühlt man sich beim Ausblick auf Elbe und Hafen wie in einem Adlerhorst. Die Bar in luftiger Höhe ist ein guter Auftakt für einen Kiezbummel (Seewartenstr. 9, tgl. 18–2 Uhr, Happy Hour 18–19 Uhr).

Auf der Rückseite des Hotels kann man auf dem Panoramafußweg »Bei der Erholung« Schiffe ein- und auslaufen sehen. Er führt am **Bundesamt für Seeschifffahrt und Hydrographie** (BSH) vorbei, am **Deutschen Wetterdienst** (DWD) – im Gebäude der 1905 errichteten Navigationsschule – sowie am **Bernhard-Nocht-Institut für Tropenmedizin** (BNI), in dem Tropenkrankheiten erforscht werden.

EMPIRE RIVERSIDE HOTEL 2 E5 UND DAVIDSTRASSE 3 E5

Die kleine Eckkneipe »Zur scharfen Ecke« im Gründerzeitbau an der Davidstraße hat anstelle der früheren Astra-Brauerei 2007 ein noch imposanteres Gegenüber bekommen: das bronzeverkleidete **Empire Riverside Hotel**. Es zählt 21 Stockwerke und ist eine Zacke mehr in der neuen Hamburger »Hafenkrone«. So wird die Silhouette der drei Hochhäuser auf dem einstigen Brauereigelände genannt. Entworfen hat das Hotel der englische Stararchitekt David Chipperfield. In der **Skyline Bar 20up** ganz oben übertrifft die Aussicht noch die des Hotels Hafen Hamburg, aber oft ist es recht voll (Bernhard-Nocht-Str. 97).

St. Pauli ändert sich z. Zt. rasch. Anstelle von Schmuddelecken ist am oberen Ende der **Davidstraße** ein moderner Hoch- und Wohnhäuserkomplex entstanden. Die Westseite und der vordere Teil der Davidstraße sind noch so wie einst: ein kunterbunter Mix aus Kneipen, Bars, schlüpfrigen Läden, mehr oder weniger soliden Restaurants und grellen Fast-Food-Krippen.

Auch die Sichtschutzmauer zur **Herbertstraße** ist geblieben, Kiezbesucherinnen sollten diese Bordellstraße meiden. Zwischen 20 und 6 Uhr reihen sich leicht geschürzte Mädchen entlang der Davidstraße und bieten ihre Dienste an. Die kleinen Gässchen im Umkreis der Herbertstraße sind ihr Arbeitsplatz und

TOUREN WESTLICH DER ALSTER

TOUR 8

STREIFZUG DURCH ST. PAULI

1. Hotel Hafen Hamburg
2. Empire Riverside Hotel
3. Davidstraße
4. Spielbudenplatz
5. Reeperbahn
6. Große Freiheit
7. Hans-Albers-Platz
8. Hein-Köllisch-Platz
9. Antoni-Park

der amtlich festgelegte Sperrbezirk. In der Davidstr. 17 lädt das **St. Pauli Museum** ein (sankt-pauli-museum.de, So–Mi 11–18, Do 11–21, Fr 11 bis 23, Sa 10–23 Uhr, 5 €).

ZWISCHENSTOPP: RESTAURANTS
Cuneo ❶ €€ E5
Hamburgs ältester Italiener und eine Institution auf St. Pauli. Das etwas düstere Ambiente scheint die vielen Promis, die hier verkehren, nicht zu stören.
- Davidstr. 11 | www.cuneo1905.de
  So geschl.

SPIELBUDENPLATZ ❹ E5
Wo die Davidstraße in die Reeperbahn mündet, steht die **Davidwache,** 1914 von Fritz Schumacher › S. 78 gebaut. Die legendäre Polizeistation diente schon häufig als Film- und Fernsehkulisse, sie ist aber nicht zu besichtigen. Der Spielbudenplatz ist seit über 200 Jahren Hamburger Vergnügungsstätte. Heute dient der Platz für verschiedenste Events: es gibt einen Nachtmarkt (Mi 16 bis 23 Uhr), legendär sind der ausgefallene Weihnachtsmarkt Santa Pauli und das Reeperbahnfestival (Mitte/Ende Sept.).

Allein fünf Theater reihen sich am Spielbudenplatz, das **St. Pauli Theater** von 1842, **Schmidts Tivoli,** das **Schmidt Theater,** das **Schmidtchen,** und das **Operettenhaus** › S. 44. Ebenfalls am Platz residiert das Wachsfigurenkabinett **Panoptikum,** das Begegnung auf Augenhöhe mit mehr als 100 berühmten Persönlichkeiten ermöglicht, so auch mit »Kanzlerin Angela Merkel« (Spielbudenplatz 3, www.panoptikum.de, Mo–Fr 11–21, Sa bis 24 und So 10–21 Uhr, 6,50 €).

SHOPPING
Viele Läden rund um den Spielbudenplatz und an der Reeperbahn haben bis 22 Uhr offen, manche sogar bis Mitternacht.

REEPERBAHN ❺ E5
Die **Tanzenden Türme,** das scheinbar schräge Doppelhochhaus von Hadi Teherani, gibt seit 2012 der nur 900 m langen »sündigen Meile« einen passenden Start. Im Kellergeschoss erlebte der legendäre **Mojo Club** seine Wiedergeburt › S. 45; man erreicht die unterirdischen Fetengefilde durch zwei eher unscheinbare Luken im Pflaster. Am oberen Ende des spektakulären Baus öffnet die Rooftop Bar des Restaurants **Clouds** › S. 38 bei gutem Wetter: Hamburgs aussichtsreichstes Plätzchen zum Chillen. Die berühmteste Straße bleibt Magnet für Nachtschwärmer, weil die Attraktionen fröhlich mit der Zeit gehen.

> **HEISSE ECKE**
>
> Das schräge Erfolgsmusical **Heiße Ecke** in Schmidts Tivoli muss man einfach gesehen haben: 24 Stunden Kiez in eine fetzige Musikkomödie verpackt. Die liebevolle Story um eine Imbissbude in St. Pauli erklärt den fast magischen Zauber, der vom Kiez ausgeht. Viele flotte Songs in Ohrwurmqualität und ganz viel Gefühl, www.tivoli.de.

Polizeikommissariat 15, die berühmte »Davidwache« am Spielbudenplatz

Manche Kiezbesucher steuern gleich ihre Lieblingskneipe an, andere lassen sich treiben und haben einfach Spaß an all den Typen, die ebenfalls das Bad in der Menge suchen oder aus beruflichen Gründen hier sind wie die Türsteher vor den Peepshows. › mehr S. 19 Punkt 46

SHOPPING
Der Erotikshop **Boutique Bizarre** ist blitzblank und übersichtlich und fungiert nebenbei als Eventlocation und interessante Galerie.
• Reeperbahn 35, tgl. 10–2 Uhr

GROSSE FREIHEIT 6 D5–E5
Am Beatles-Platz, am Anfang der Großen Freiheit, deutet nichts darauf hin, dass in dieser Straße die katholische **St.-Joseph-Kirche** zum Gebet läutet. Die Freiheiten, an die man zunächst denkt, manifestieren sich in Erotik-Shows und Table-dance-Bars. Das liegt auch an den bunten Neonreklamen, die über die ganze Breite der Straße hängen. Zwar gibt es noch immer ein paar Nachtklubs und Strip-Lokale, aber sie haben Konkurrenz von der Musikszene bekommen, die hier ebenfalls seit langem eine Heimat hat: Im Star-Club (Nr. 39) starteten **die Beatles** in den 1960er-Jahren ihre Weltkarriere. Den Klub gibt es nicht mehr, aber Lokale wie der **Grünspan** oder der **Kaiserkeller** setzen die Live-Act-Tradition fort.

Und St. Joseph? Straße und Kirche liegen auf dem Gebiet von Hamburgs ungeliebtem Nachbarn Altona. Denn dieser gewährte im 17. Jh. auf seinem Stadtgebiet Privilegien, die es nebenan im streng protestantischen Hamburg nicht gab. So durften Gewerbetreibende ohne Zunftzwang arbeiten und Gläubige aller Konfessionen in ihre eigenen Kir-

ORIGINELLE KIEZTOUREN

- **Kur auf dem Kiez**
  Ehrenamtliche Kurschatten der »Kurverwaltung St. Pauli e. V.« führen Gäste über den Kiez. Man lernt St. Paulis Theater-, Musik- und Filmwelt und Rotlichtmilieu und auch einige »Kurquellen« kennen. Die »Kurtaxe« (17 €) kommt sozialen Projekten in St. Pauli zugute. Fr 19, So 11 Uhr, 1,5 Std., Anmeldung: www.kurverwaltungstpauli.de, Treffpunkt Ⓤ3 St. Pauli
- **Olivias Safari Kieztouren**
  Diese schillernden zweistündigen Spaziergänge mit der mindestens ebenso schillernden Drag Queen Olivia Jones oder Kollegen bringen Nachtschwärmer zu kuriosen und prickelnden Stellen im Kiez. Buchung: www.olivia-jones.de Tgl. diverse Touren, ca. 25–42 €
- **Die Beatles auf St. Pauli**
  Geführte Tour zu Fuß ab Ⓤ Feldstraße zu den wichtigsten Beatles-Schauplätzen, sie endet in einem Musikklub mit Konzert. Stattreisen | Tel. 87 08 01 00 www.stattreisen-hamburg.de Mai–Okt. Sa 19 Uhr, ca. 3 Std., 20 €, Anmeldung empfohlen
- **Der Seeräubergang über St. Pauli** ist harmlos, aber für 6- bis 12-Jährige eine Mordsgaudi. Auf einem interaktiven Spaziergang erleben und spielen sie Piraten. www.stpauli-landgang.de 2 Std., n. V. Tel. 31 79 49 34, 15 €

chen gehen. Nur an diesen Umstand erinnert der auf falsche Fährte lockende Straßenname.

HANS-ALBERS-PLATZ 7 E5

Sehr gestylt ist der Hans-Albers-Platz nicht – eine Freifläche mit Kopfsteinpflaster und ein paar Bäumen. Immerhin hat der Künstler Jörg Immendorf (1945–2007) für eine Hans-Albers-Statue gesorgt. Von hier erreicht man die Gassen des Sperrbezirks.

Das Spektrum an Kneipen reicht vom Irischen Pub z. B. dem **Molly Malone** (Nr. 15) bis zur Rockkneipe z. B. dem **20 Flight Rock** (Nr. 1, Fr, Sa ab 22 Uhr). Den besten Überblick über den Platz hat man im **Hans Albers Eck**, wo im Sommer auch draußen gefeiert wird (Nr. 20, Do–Sa, ab 21 Uhr).

Stiller wird es am oberen Rand des Platzes, wo die **Hans-Albers-Klause** seit 1938 den Zeiten getrotzt und als ein Urgestein herkömmlicher Seefahrtsromantik überdauert hat (Friedrichstr. 19, rund um die Uhr geöffnet; beschaulicher Blick von der Terrasse).

ZUM ANTONI-PARK

Nur ein paar Schritte in Richtung Hafen genügen, und vom Vergnügungsviertel ist nichts mehr zu spüren. Hier wohnen die St. Paulianer in toleranter Multikulti-Gemeinschaft in modernen oder Gründerzeithäusern.

Über den gemütlichen **Hein-Köllisch-Platz** 8 D5–E5 vorbei an der St. Pauli-Kirche gelangt man zum **Antoni-Park** 9 D5. Die ori-

Die Prinzenbar im angesagten Docks betritt man von der Kastanienallee

ginelle Grünanlage wurde auf dem Dach einer Schulsporthalle angelegt. Neben einem »Fliegenden Teppich« und vier »echten« Palmen erwartet einen hier der allerschönste Blick auf den Hafen. Ein Fokus der Kultur St. Paulis: Allen Sparten der Kunst und Diskussion öffnet sich das **Kulturzentrum Nochtspeicher** in dem 160 Jahre alten Fabrikgebäude (Bernhard-Nocht-Straße 69a, www.nochtspeicher.de).

NIGHTLIFE

Roschinsky's E5
Warum es dort immer so voll ist? Lieber nicht fragen und mittanzen: Rock bis Swing und ganz eng – geht ja auch nicht anders.
- Hamburger Berg 19 | www.roschinskys.de tgl. ab 21 Uhr, bei Fußballübertragungen früher

Barbarabar E5
Die Bar mit Sofa und Kickertisch ist für manchen Pistengänger ein zweites Wohnzimmer. Mittwochs ab 21 Uhr finden Kickerturniere statt, dafür wird dienstags ab 20 Uhr Hörspielen gelauscht – den Kuchen dazu gibt es gratis.
- Hamburger Berg 11 | www.barbarabar.de tgl. ab 20 Uhr

Docks E5
Einer der umschwärmtesten Nightspots mit angesagten Musikidolen. Konzerte muss man zeitig buchen!
- Spielbudenplatz 19
  www.docks.de | Konzerte ab ca. 19 Uhr, Party Sa/So ab 23/24 Uhr

Große Freiheit 36 E5
Hier ist Platz für 1600 Zuschauer, es traten schon David Bowie oder Prince auf. Im zugehörigen **Kaiserkeller** spielten 1969 auch die Beatles. Beliebter Tanzklub an Wochenenden, jeden Do Salsapartys.
- Große Freiheit 36 | grossefreiheit36.de Kaiserkeller Mi–Sa ab 22 Uhr, großer Saal Do ab 21, Fr/Sa ab 22 Uhr und bei Konzerten

TOUR 9
GRÜNER WALL UND SZENEVIERTEL

VERLAUF: Museum für Hamburgische Geschichte › Rote Flora › Marktstraße › Congress Centrum

KARTE: Seite 123
DAUER: 4 Stunden mit Besichtigungen und Shopping
PRAKTISCHE HINWEISE:
- **Start:** Ⓤ3 St. Pauli
- **Ziel:** Ⓢ11, 31 Dammtor
- Das Museum für Hamburgische Geschichte ist Di geschlossen.
- Die Öffnungszeiten der Designshops von Schanzen- und Karoviertel sind sehr individuell, ca. ab 11 Uhr darf man eintreten.
- Öffnungszeiten der Schaugewächshäuser im Alten Botanischen Garten: Mo–Fr 9–16.45, Sa/So 10 bis 17.45 Uhr; im Winter bis 15.45 Uhr.

Die Bauten entlang den Wallanlagen rufen Erinnerungen an die Stadtgeschicke der letzten 200 Jahre wach, weiter zurück blickt das Museum für Hamburgische Geschichte. Der Alte Botanische Garten mit dem angrenzenden Planten un Blomen »umarmen« hier die Innenstadt mit ihrem grünen Gürtel und idyllischen Plätzen zum Verweilen. Von dieser schönen Lage profitieren auch die Besucher von Congress Centrum Hamburg (CCH) und Messegelände. Außerhalb des Stadtwalls blüht dank Künstlern, Designern und kleinen feinen Modeateliers das angesagte Karoviertel auf. Das benachbarte Schanzenviertel besitzt eine enorme Bandbreite von ultralinker Szene bis zu kreativen Yuppies.

TOUR-START:
MUSEUM FÜR HAMBURGISCHE GESCHICHTE 10 📖 E5

Das Museum für Hamburgische Geschichte steht an einem historischen Standort, nämlich auf der einstigen Henricus-Bastion. Fritz Schumacher › S. 78 konzipierte den 1922 fertig gestellten Bau. An der

---

TOUREN WESTLICH DER ALSTER

TOUR 9
GRÜNER WALL UND SZENEVIERTEL
- 10 Museum für Hamburgische Geschichte
- 11 Heiligengeistfeld
- 12 Rote Flora
- 13 Alte Rinderschlachthalle
- 14 Marktstraße
- 15 Justizforum
- 16 Alter Botanischer Garten
- 17 Planten un Blomen
- 18 Congress Centrum CCH

TOUR 10
UNIVIERTEL BIS EPPENDORF
- 19 Uni-Hauptgebäude
- 20 MARKK
- 21 Hochschule für Musik und Theater
- 22 Pöseldorf
- 23 Jugendmusikschule
- 24 St. Nikolai
- 25 Eppendorfer Landstraße
- 26 Alma Hoppes Lustspielhaus

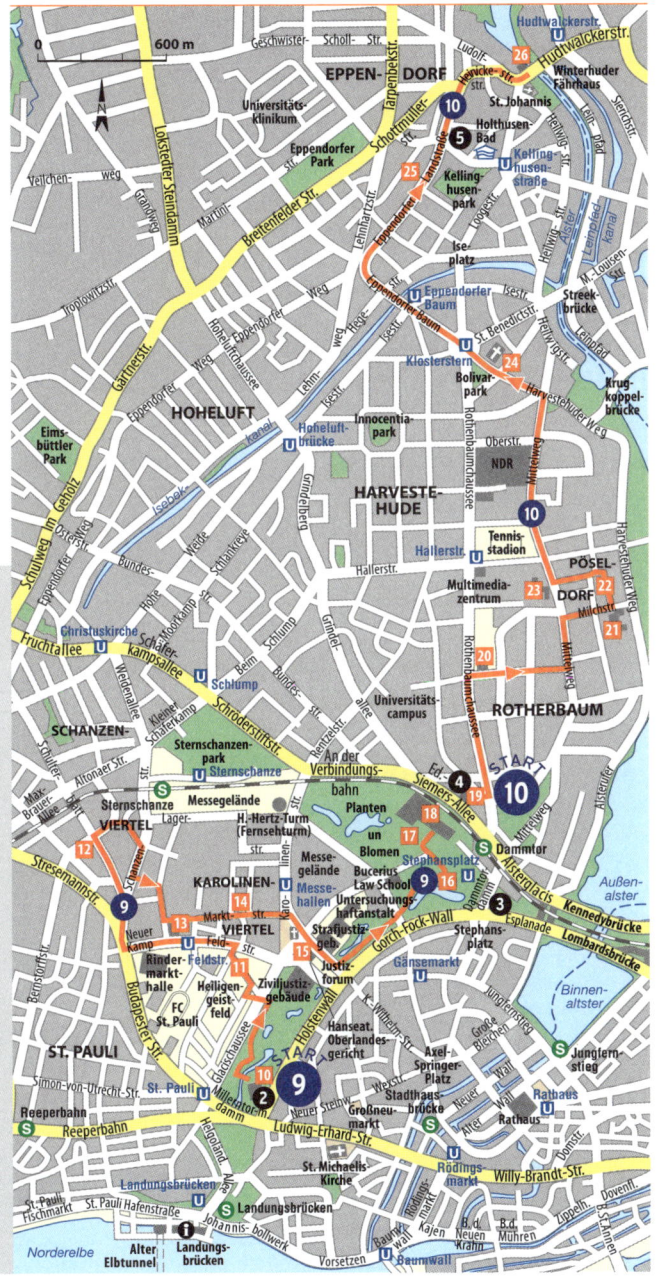

Zeitreise durch die Geschichte der Hansestadt finden sogar Kinder viel Spaß, weil sie von der »Museumsratte« zu speziellen Exponaten geführt werden. Einige Ausstellungsstücke, wie der Laderaum einer mittelalterlichen Hansekogge, sind begehbar, auch die Kommandobrücke des Dampfers *Werner*. Auf Fans von Spur-1-Modelleisenbahnen wartet ein Nachbau der Strecke Hauptbahnhof–Harburg (Holstenwall 24, www.hamburgmuseum.de, Mo, Mi–Fr 10–17, Sa/So bis 18 Uhr, 9,50 €). Im Verbund mit sechs weiteren historischen Museen bietet das Museum ein Kombi-Ticket für ein Jahr (48 €).

ZWISCHENSTOPP: RESTAURANT
Bastion ❷ €€ 🍴 E5
serviert im Museum und Sommergarten einen delikaten Mittagstisch und ist Do–Sa bis spätabends ein netter Treff.

ZWISCHEN DOM UND SCHANZE
Westlich des grünen Wallrings erinnert das **Heiligengeistfeld** 11 🍴 E4/5 noch an die Zeit der Stadtmauern, die ein freies Schussfeld davor erforderten. Dreimal im Jahr findet hier für vier Wochen der vergnügliche Jahrmarkt »Hamburger Dom« statt (www.hamburg-dom-aktuell.de). Nebenan liegt das **Millerntor-Stadion** des **FC St. Pauli**. Mit der Modernisierung und Vergrößerung des Stadions präsentiert nun auch der **Fanshop FC St. Pauli** seine Totenkopf-Souvenirs und braun-weißen Sportsachen in einem modernen Laden (Heiligengeistfeld 1).
› mehr S. 18 Punkt ❹⓿

Der bullige »Medienbunker«, der als Flakabwehrturm im Zweiten Weltkrieg diente, besitzt ein vielseitiges Innenleben, ein anspruchsvolles Programm bietet der Kiezklub **Uebel & Gefährlich** › S. 45.

STERNSCHANZE – DAS NEUE STADTVIERTEL
Die belebten Straßen **Schulterblatt** und **Schanzenstraße** bilden mit ihren vielen bunten Läden, Cafés und coolen Kneipen das Herz des Schanzenviertels mit einem regen Nachtleben. Der brisante Bevölkerungmix im Schanzenviertel, von gut verdienenden Kreativen und engagierter linksliberaler bis linker Szene, bietet interessanten Anschauungsunterricht in punkto tolerantem Zusammenleben von zuweilen gegensätzlichsten Gruppen.

Seit 1. März 2008 ist die »Schanze« auch ganz offiziell ein Hamburger Stadtteil. Sternschanze, so der amtliche Name, leitet sich von der 1682 entstandenen sternförmigen Verteidigungsanlage Sternschanze ab. In dem historischen Wasserturm auf dem heute noch sichtbaren Hügel hat das Mövenpick Hotel Wasserturm eine stilvolle Unterkunft mit Rundblick › S. 35 geschaffen.

Von verkommen bis luxussaniert sind die einstigen Fabriken und Arbeiterwohnungen der Schanze. Das Stadtteilzentrum **Rote Flora** 12 🍴 E4 erinnert an die Zeit der Arbeiterbewegung und ist öfter Kristallisationspunkt von politischen Demonstrationen (Schulterblatt 71).

Östlich der Schanzenstraße, in der sich Läden mit individueller

Mode, kleine Bars und Restaurants abwechseln, hat man die **Alte Rinderschlachthalle** 13 E4 schön renoviert und in ein vielseitiges Kultur- und Businesszentrum verwandelt (Neuer Kamp 30). In der riesigen einstigen **Rindermarkthalle** gegenüber ist ein Lebens- und Genussmittelmarkt mit lässigem Flair eingezogen.

NIGHTLIFE
Knust E4
Traditionsklub, es gibt Rock- und Popkonzerte, Disco, Bistro und eine Bar.
- Neuer Kamp 30, auch auf dem Vorplatz
  www.knusthamburg.de
  Konzerte ab 18/20, Partys ab 23 Uhr

ABSTECHER INS KAROVIERTEL
Über eine Fußgängerbrücke quert man die U-Bahngleise und gelangt ins **Karolinenviertel**, kurz Karoviertel genannt, und landet dort gleich auf der zentralen **Marktstraße** 14 E/F4. Zwischen Souterrainkneipen, Secondhandläden und Kunstateliers haben junge Modedesignerinnen ihre kleinen Ateliers eingerichtet. Wer modische Einzelstücke und ausgefallene Sachen sucht, wird z. B. bei **Lockengelöt** fündig. › mehr S. 17 Punkt 36 In den verblichenen Charme des Viertels mischen sich immer mehr luxussanierte Altbauten.

Wer Zeit mitbringt, wird sich im türkischen **Hamam** auf orientalische Art entspannen (Feldstraße 39, Tel. 41 35 91 12, www.das-hamam.de).

In der **Kirche des hl. Johannes von Kronstadt** ist die russisch-orthodoxe Glaubensgemeinde zu Hause. Östlich davon fällt der Blick auf die drei Gebäude des **Justizforums** 15 F4. Sie sind der Sitz des Hanseatischen Oberlandesgerichts, der Zivil- und Strafjustiz.

ZUM ALTEN BOTANISCHEN GARTEN
Von der **Hamburg Messe**, Ausgang Süd, gelangt man über das Justizforum ins Grün des Wallringparks,

---

HAMBURGS WALLRING

Zwischen 1615 und 1628 ließen sich die Hamburger von dem niederländischen Baumeister Johan van Valkenburgh einen Stadtwall errichten. Die fast kreisförmige Anlage mit Stadtgräben und 21 Bastionen erweiterte das Stadtgebiet um fast das Doppelte. Der Festungsring verlief durch den Alstersee und trennte von nun an die Binnen- von der Außenalster. Da er als unüberwindlich galt, wagte niemand Hamburg anzugreifen. So wurde die Hansestadt im Dreißigjährigen Krieg zur Logistikdrehscheibe der Kriegsparteien.

Wie viele andere Städte Europas verwandelte auch Hamburg im 19. Jh. die Befestigungswerke in Parkanlagen. Im Norden und Westen blieben die Grünflächen erhalten, der Stadtgraben wurde großteils zugeschüttet. Den Wallringpark, mit den angrenzenden Grünflächen **Planten un Blomen** genannt, säumen viele repräsentative Großbauten aus der Zeit um und kurz nach 1900.

Planten un Blomen

alternativ vom Messeausgang Ost über die Jungiusstraße: Vorbei an der **Bucerius Law School,** einer privaten Elitehochschule für Rechtswissenschaften in den Gebäuden des ehemaligen Botanischen Instituts, erreicht man direkt den **Alten Botanischen Garten** 16 F4. Damit betritt man wieder ein Überbleibsel der Stadtbefestigung des 17. Jhs. Am Nordhang ragen die Dächer der Tropengewächshäuser heraus. Stars sind riesige Kakteen und uralte Palmfarne (Jungiusstr. 4–6, März–Okt. Mo–Fr 9 bis 16.45, Sa/So 10–17.45 Uhr, sonst kürzer).

PLANTEN UN BLOMEN 17 ⭐ F4

Planten un Blomen schließt unmittelbar an. Nicht nur wegen der Pflanzen und Blumen kommen Besucher gern hierher, von Mai bis September läuft auf dem Gelände ein buntes Unterhaltungsprogramm für Jung und Alt: Trampolinspringen, Modellbootregatta, Kasperltheater und mehr. Die Attraktion ist die Wasserlichtorgel: In der Abenddämmerung »tanzen« eine halbe Stunde lang farbige Wasserfontänen zur Musik auf dem Parksee (Mai bis Aug. tgl. um 22, Sept. um 21 Uhr).

Vom **Congress Centrum Hamburg** 18 F4 führt ein überdachter Weg am **japanischen Garten** in Planten un Blomen entlang zum Eingang Ost des Messegeländes. Mit ihren Hallen dehnt sich die **Messe** weiter in Richtung Nordwesten aus, am schlanken, weißen **Heinrich-Hertz-Turm** vorbei. Mit 278 m ist der »Telemichel« Hamburgs höchstes Gebäude (nicht zugänglich).

ZWISCHENSTOPP: RESTAURANT

Tarantella 3 €€–€€€ F4
Erinnert an den Nachtklub Tarantella im einstigen Hotel Esplanade. Offene Küche, gehobene internationale Gastronomie.
• Stephansplatz 10 | Mo–Sa ab 11.30 Uhr
www.tarantella.hamburg

VOM UNIVIERTEL BIS EPPENDORF

VERLAUF: Universität Hamburg > Pöseldorf > Eppendorfer Landstraße > Alma Hoppes Lustspielhaus

---

KARTE: Seite 123
DAUER: 4 Stunden mit Besichtigungen
PRAKTISCHE HINWEISE:
- Start: Ⓢ11, 31 Dammtor
- Ziel: Ⓤ1 Hudtwalckerstraße
- Wer nicht die ganze Strecke zu Fuß zurücklegen mag, kann in der Rothenbaumchaussee in den Schnellbus 39 oder im Mittelweg in den Bus 109 einsteigen, um Harvestehude-Rotherbaum zu durchqueren.
- Die schönste Route zurück in die Innenstadt ist per Alsterdampfer ab »Winterhuder Fährhaus«, das letzte Schiff fährt um 18.10 Uhr.

»Westlich der Alster« zu wohnen galt schon immer als etwas feiner. Das spiegeln die eleganten Villen westlich des Alstervorlandes an der Außenalster wider. Weiter im Westen dehnt sich das Universitätsviertel aus. Besuchermagnete von Harvestehude-Rotherbaum sind das MARKK (ehemals Völkerkundemuseum), der Tennisclub Rothenbaum und der Norddeutsche Rundfunk (NDR). Anspruchsvollem Lifestyle werden die Nobelläden und exquisiten Restaurants von Pöseldorf gerecht. Vielseitigere Auswahl hat das schicke Eppendorf zu bieten.

TOUR-START:
DAMMTORBAHNHOF UND UNIVERSITÄT HAMBURG

Kaiser Wilhelm II. ließ sich am 1903 errichteten **Dammtorbahnhof** empfangen, wenn er Hamburg besuchte. Hier steigt man aus, wenn man die Messe, das Congress Centrum Hamburg (CCH), die Universität oder den Park Planten un Blomen besuchen möchte. Nördlich vom Bahnhof, an der Edmund-Siemers-Allee, bezog die Universität in ihrem Gründungsjahr 1919 das heute viel zu kleine **Uni-Hauptgebäude** 19 ▌F4. In den 1990er-Jahren erhielt der Kuppelbau zwei moderne Seitenflügel als Spende des Unternehmerpaars Grewe. Staatsbibliothek und Universitätscampus schließen sich nordwestlich an.

ZWISCHENSTOPP: RESTAURANT
Café dell'Arte ❹ € ▌F4
Getränke und kleine Gerichte im Angebot.
- im linken Grewe-Flügel der Uni Edmund-Siemers-Allee 1

SHOPPING
Neben netten Lokalen haben sich hier mehrere Antiquariate angesiedelt z. B. die **Heinrich Heine Buchhandlung** ▌F3.
- Grindelallee 28

ROTHERBAUM UND MARKK
Die Rothenbaumchaussee führt als Hauptachse vorbei an Instituten, noblen Wohnhäusern und schönen Gründerzeitvillen zum monumen-

talen Bau des **Museums am Rothenbaum, Kulturen und Künste der Welt (MARKK)** 20 📖 F3. Hamburgs weltweit tätige Kaufleute sorgten seit 1879 dafür, dass mitgebrachte Objekte aus fernen Ländern wissenschaftlich untersucht und der Öffentlichkeit zugänglich gemacht wurden. Solche europazentrische Sicht auf Exotisches aus Übersee wird heutiger ethnografischer Forschung nicht mehr gerecht – das junge Museum MARKK geht neue Wege (Nr. 64, Tel. 4 28 87 90, www.markk-hamburg.de, Di–So 10–18, Do 10–21 Uhr).› mehr S. 14 Punkt 17
Hinter dem Museum befindet sich ein Geschenk von Hamburgs Partnerstadt Shanghai: In der Nachbildung des eleganten Teehauses **Yu Garden** residiert u. a. das chinesische Konfuzius-Institut, sobald die Renovierungsarbeiten beendet sind.

Eine prachtvolle Villa ließ sich 1913 das Ehepaar Budge vom Rathausarchitekten Martin Haller am erhöhten Ufer des Alstervorlands errichten. Das **Budge-Palais** dient heute als **Hochschule für Musik und Theater** 21 📖 G3 › S. 43. Hier und im anschließenden Neubau erlebt man Aufführungen des Hamburger Musiker- und Schauspielernachwuchses mit jährlich über 300 Eigenproduktionen (Harvestehuder Weg 12, Eingang Milchstraße, www.hfmt-hamburg.de).

PÖSELDORF 22 📖 G3
UND HARVESTEHUDE
Parkartige Gärten umgeben die Reihe der Villen mit Außenalsterblick am Harvestehuder Weg. Sie beherbergen häufig exklusive Wohnungen und repräsentative Firmensitze. Die Grundstücke dahinter sind kleinteiliger und charakteristisch für **Pöseldorf**: »Pöseln« ist Platt und bedeutet arbeiten. Und das taten offenbar die Gartenbesitzer im grünen Gelände westlich der Außenalster im 17. und 18. Jh. Der Name blieb erhalten, selbst als im 19. Jh. Stadtvillen die Gärten verdrängten. Rund um die Milchstraße und am Mittelweg gibt es einige nette Lokale und Lifestyle-Läden für Mode, Design und Schnickschnack.

Der Mittelweg durchquert nordwärts den Stadtteil **Harvestehude.** Das Villenviertel aus dem 19. Jh. blieb im letzten Weltkrieg unzerstört. Einen Kontrapunkt zu den historischen Bauten setzen die **Jugendmusikschule** 23 📖 G3 von Enric Miralles, der moderne **Center Court** für Tennisturniere und andere Events sowie das **Multimediazentrum** von Sir Norman Foster.

Freunde spezieller Musik – u. a. alte, neue, experimentelle Musik – trifft man im **Rolf-Liebermann-Studio** im Norden des ausgedehnten Geländes des NDR (Oberstraße 120, www.ndr.de). Der mit Travertin verkleidete Bau war 1931 als Synagoge errichtet worden.

EPPENDORF
Der schlichte Bau der Hauptkirche **St. Nikolai** 24 📖 F2 mit seinem schlanken Turm (1962) besitzt im Altarraum ein Mosaik von Oskar Kokoschka (Harvestehuder Weg 18, tgl. 9–18 Uhr, www.hauptkirche-st nikolai.de).

Auf dem Isemarkt

Schon bei seiner Eingemeindung 1894 war Eppendorf ein großstädtischer Vorort. Elegante Etagenhäuser für gut betuchte Bürger geben dem Stadtteil immer noch ein nobles Gesicht. Zum Shoppingbummel sind die Gegend um die U-Bahn-Station Eppendorfer Baum und die **Eppendorfer Landstraße** 25 F1 zu empfehlen, hier findet man für Haus und Kleiderschrank viel Ausgefallenes von guter Qualität.

Hamburgs schönster Markt ist der **Isemarkt** F2. Unter dem fast 1 km langen Viadukt der U-Bahn zwischen U3 Hoheluftbrücke und U3 Eppendorfer Baum findet man alles erdenkliche und hochwertige Essbare aus der Region und aus aller Welt. Köstliche Aromen, Düfte und Farben machen diesen Markt zu einem Highlight (Di, Fr 8.30–14 Uhr).

ZWISCHENSTOPP: RESTAURANT
Cornelia Poletto 5 €€€ F1
Cornelia Poletto ist eine der besten Hamburger Köchinnen. Sie verzichtet in ihrem familiären Restaurant auf aufwendiges Interieur und konzentriert sich auf ihre mediterrane Kochkunst.
• Tel. 4 80 21 59
Eppendorfer Landstraße 80
cornelia-poletto.de | Di–Sa 11–23 Uhr

Am westlichen Alsterufer wird es nach einer ganzen Reihe erlesener Eppendorfer Anwesen doch noch dörflich: Hier steht schon seit dem 13. Jh. die **Pfarrkirche St. Johannis**. Ihr malerischer Fachwerkbau (16. Jh.) dient oft als Hochzeitskirche. Vis-à-vis geht es im politisch-satirischen Kabarett in **Alma Hoppes Lustspielhaus** 26 G1 mal profan, mal gesellschaftskritisch zu › S. 44.

Am Anleger Winterhuder Fährhaus hat die Linie der Alster-Kreuzfahrt ihr nördliches Ende erreicht. Die Alsterrundfahrt von hier bis zum Jungfernstieg sollte man sich gönnen (Ende März–Anfang Okt. stündlich 11.10–18.10 Uhr, Dauer 50 Min.).

ÖSTLICH DER ALSTER

Im Alster Cliff sitzen und spritzige Cocktails genießen

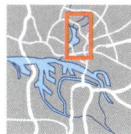

ÖSTLICH DER ALSTER | 131

Kultur an der Kunstmeile oder Joggen um die Alster? St. Georg, Uhlenhorst und die Außenalster wetteifern mit Vielfalt. Das Planetarium verführt ins Universum, Kampnagel zeigt Theater aus aller Welt.

Hamburg östlich der Alster erscheint auf den ersten Blick weniger bunt und weniger spannend zu sein als der Westen der Stadt. Vielleicht weniger aufregend, einmal abgesehen von St. Georg und seiner Kultmeile Lange Reihe, dafür auf andere Art reizvoll. Die Wohnviertel Uhlenhorst, Winterhude und Barmbek sind reich an idyllischen Plätzen, dank der Außenalster mit ihren grünen Uferstreifen. Zusätzlich durchziehen diese Viertel schöne Kanäle und andere romantische Gewässer, sodass im Sommer Paddelboote oder SUP-Boards durchaus übliche Fortbewegungsmittel sind.

Ebenso reich ist das Kulturleben, angefangen von der Kunstmeile unweit vom Hauptbahnhof bis zu den vielen Museen in der Stadt. Wie Perlen auf einer Schnur reihen sich an der Kunstmeile bedeutende Kunstmuseen, Galerien und Kultureinrichtungen. Theaterfreunde werden auf der Ostseite der Alster ebenfalls gut bedient mit u. a. dem Deutschen Schauspielhaus am Hauptbahnhof oder der Theaterwerkstatt Kampnagel nahe der Jarrestadt. Das Literaturhaus am Schwanenwik bietet in seinen stilvollen Räumen Abend für Abend Lesungen und literarische Gespräche.

Die Jarrestadt, ein um 1920 entstandenes Wohnviertel für die In-

Im Museum für Kunst und Gewerbe

dustriearbeiter in Barmbek, ist ein gutes Beispiel für die seinerzeit fortschrittliche Wohnkultur im Hamburger Backsteinbaustil. Das Museum der Arbeit erinnert an das Arbeiten in engen, stickigen Werksvierteln. Die ausgedienten Industriekanäle haben sich in beliebte Freizeitgewässer verwandelt mit Bootsvermietungen und hübschen Anlegercafés. Von der Jarrestadt sind es nur drei Steinwürfe weit zum riesigen Stadtpark. Diese grüne Lunge dient als Grill- und Spielwiese für alle Nationalitäten. Im Planetarium, dem ehemaligen Wasserturm im Stadtpark, kann man großartige Sternenshows sehen.

TOUREN ÖSTLICH DER ALSTER

TOUR 11

KUNSTMEILE  UND ST. GEORG

> **VERLAUF:** Deichtorhallen > Museum für Kunst und Gewerbe > Centrum Moschee > Lange Reihe > Kunsthalle > Lombardsbrücke
>
> **KARTE:** Seite 134
> **DAUER:** 1 Stunde ohne Besichtigungen
> **PRAKTISCHE HINWEISE:**
> - Start: Ⓤ1 Steinstraße
> - Ziel: Ⓢ/Ⓤ Hauptbahnhof
> - Deichtorhallen, Museum für Kunst und Gewerbe und Kunsthalle sind Mo geschl., die beiden letzteren sind Do bis 21 Uhr geöffnet.
> - Die Geschäfte entlang der Langen Reihe und dem Steindamm schließen gegen 19 Uhr, St. Georg ist bis spät in die Nacht belebt.

An der 1 km langen **Kunstmeile** am östlichen Wallring, die am Hauptbahnhof vorbeiführt, könnte man gut und gern mehrere Tage verweilen, so viele Museen, Galerien und Ausstellungen gibt es hier zu besichtigen (www.kunstmeile-hamburg.de). > mehr S. 17 Punkt ㉞

Einen Abstecher lohnt das vielseitige St. Georg, es mausert sich vom ehemals bahnhofsnahen Schmuddelviertel zum angesagten Wohn- und Kneipenquartier mit idyllischen Hinterhöfen, interessanten Läden, netten Straßencafés und viel (multi-)kulturellem Engagement.

TOUR-START:
DEICHTORHALLEN 1 ▌ G5

In den Deichtorhallen wurde mit Obst und Gemüse gehandelt, bis 1962 der neue Großmarkt eröffnete. Großzügige Stiftungen erlaubten um 1980 den Umbau der beiden alten Hallen in stilvolle Kunststätten. Der nördliche Bau, die **Halle für Aktuelle Kunst,** bietet dank seiner Fläche von 3800 m² Platz für außergewöhnliche Großprojekte zeitgenössischer Kunst, aber auch für Designmessen u. a. Veranstaltungen.

Seit der Hamburger Modefotograf F. C. Gundlach seine Sammlung dem **Haus der Photographie** vermachte, ist die südliche Halle Domizil dieses Bilderschatzes. Sonderausstellungen präsentieren Teile dieses Besitzes, widmen sich aber auch anderen Aspekten der Fotografie (Deichtorstr. 1–2, www.deichtorhallen.de, Di–So 11–18 Uhr). Interessierten steht der Präsenzbestand der **Bibliothek F. C. Gundlach** zur Verfügung (Anmeldung: Tel. 32 10 32 24, Di/Do 14–18 Uhr).

MARKTHALLE 2 ▌ G5–H5

Hügelan zieht sich zwischen Klosterwall und Bahntrasse ein lang gestrecktes Backsteingebäude. In dieser Markthalle von 1914 wurden früher Blumen gehandelt, heute ist hier zeitgenössische Kunst zu bewundern, so in den Räumen der **Freien Akademie der Künste** (Klosterwall 23, Eingang auf der Rückseite, www.akademie-der-kuenste.de), in den Ausstellungen des **Kunstvereins** (Klosterwall 23, www.kunstverein.de) und im **Kunsthaus** (Klosterwall 15, Tel. 33 58 03; alle Di–So 11/12–18 Uhr). Auch mehrere moderne Galerien sind eingezogen (Klosterwall 13). Abends finden Popkonzerte statt.

Im Untergeschoss kann man in den 30 Verkaufskojen des **Antik-Centers** noch echte Schätze entdecken. Das Spektrum reicht von alten Möbeln bis zum Antiquariat (Klosterwall 9–21, Di–Fr 12–18, Sa 10 bis 16 Uhr). Modernes Taschendesign aus Lkw-Planen ist die Spezialität von **Freitag** im Parterre (Mo–Fr 10 bis 19, Sa bis 18 Uhr).

ZWISCHENSTOPP: RESTAURANT
Pane e Tulipani ❶ €–€€ ▌G5–H5
Zeit für eine Pause? Gleich neben dem Eingang des Kunstvereins findet sich eine gute Quelle für italienische Bistroküche.

Skulptur von Balkenhol vor der Zentralbibliothek

- Klosterwall 23 | www.pane-e-tulipani.eu So geschl.

HÜHNERPOSTEN

Zu den Nachfolgern der Post im Hühnerposten zählt die **Zentralbibliothek** ❸ ▌H5 der Hamburger Öffentlichen Bücherhallen. In den oberen Geschossen residiert das **Goethe-Institut,** das interessante Lesungen, Ausstellungen und Kul-

---

💬 MUSEUM UND MUSICALS IN DER GROSSMARKTHALLE

Die denkmalgeschützte Großmarkthalle von 1962 (Architekt B. Hermkes) dient nicht nur als Gemüse- und Obstgroßmarkt, sondern seit 2015 als Spielstätte für Musicals, Konzerte und Events mit fast täglich wechselndem Programm (Mehr! Entertainment, Ticket-Hotline 01805 2001, www.mehr-theater.de). Ebenfalls auf dem Areal befindet sich das **Deutsche Zusatzstoffmuseum.** Es klärt auf, welche Aromastoffe, Enzyme, Farbstoffe und Geschmacksverstärker bei der Herstellung von Lebensmitteln erlaubt sind und wie manche Zusätze geschickt verschleiert werden (Bankstr. 28, Tor Ost, zu Fuß auch Tor Nord, Tel. 32 02 77 57, www.zusatzstoffmuseum.de, Mi, Fr–So 11–17, Do 14–20 Uhr). ▌H5

turevents veranstaltet. Die Zentralbibliothek steht jedermann offen, hier lassen sich Zeitungen und Bücher lesen und im Internet surfen (Mo–Sa 11–19 Uhr).

MUSEUM FÜR KUNST UND GEWERBE 4 ⭐ H5

Fast wie ein Schloss wirkt das Museum für Kunst und Gewerbe gegenüber vom Hauptbahnhof, das hier seit 1877 seinen Standort hat. Es zeigt umfangreiche Sammlungen angewandter Kunst von der Antike bis in die Gegenwart sowie eine stattliche Sammlung historischer Tasteninstrumente, ein Jugendstil-Zimmer, Mode-, Plakat- und Fotopräsentationen. (Steintorplatz, www.mkg-hamburg.de, Di–So 10–18, Do bis 21 Uhr).

ZWISCHENSTOPP: RESTAURANT
Destille 2 €–€€ H5
Im gemütlichen Museumsrestaurant gibt es mediterrane Gerichte und Kuchen.

TOUREN ÖSTLICH DER ALSTER
TOUR 11
KUNSTMEILE UND ST. GEORG
1 Deichtorhallen
2 Markthalle
3 Zentralbibliothek
4 Museum für Kunst und Gewerbe
5 Steindamm
6 Polittbüro
7 Centrum Moschee
8 Lange Reihe
9 Deutsches Schauspielhaus
10 Hauptbahnhof
11 Kunsthalle
12 Lombardsbrücke

• Steintorplatz
Di–So 10–18, Do bis 21 Uhr

ST. GEORG UND LANGE REIHE

Östlich des Wallrings liegt seit Jahrhunderten die Vorstadt St. Georg. Was einst ein Quartier für Aussätzige und Richtplatz war, zeigt sich

heute sehr lebendig. Der Vordere Orient ist links und rechts des **Steindamms** 5 H4 vertreten, wie die bunten Gemüsekisten vor den Läden zeigen. Das Varieté **Hansa-Theater** (Nr. 17, Tel. 47 11 06 44, www.hansa-theater.de) und das Kabarett **Polittbüro** 6 H4 (Nr. 45, Tel. 28 05 54 67, www.polittbuero.de) sind Publikumsmagneten.

Zwischen Böckmann- und Lindenstraße steht die **Centrum Moschee** 7 H4, gleich daneben versetzen einen der **Lindenbazar** und winzige türkische Barbier- und Döner-Läden geradewegs nach Is-

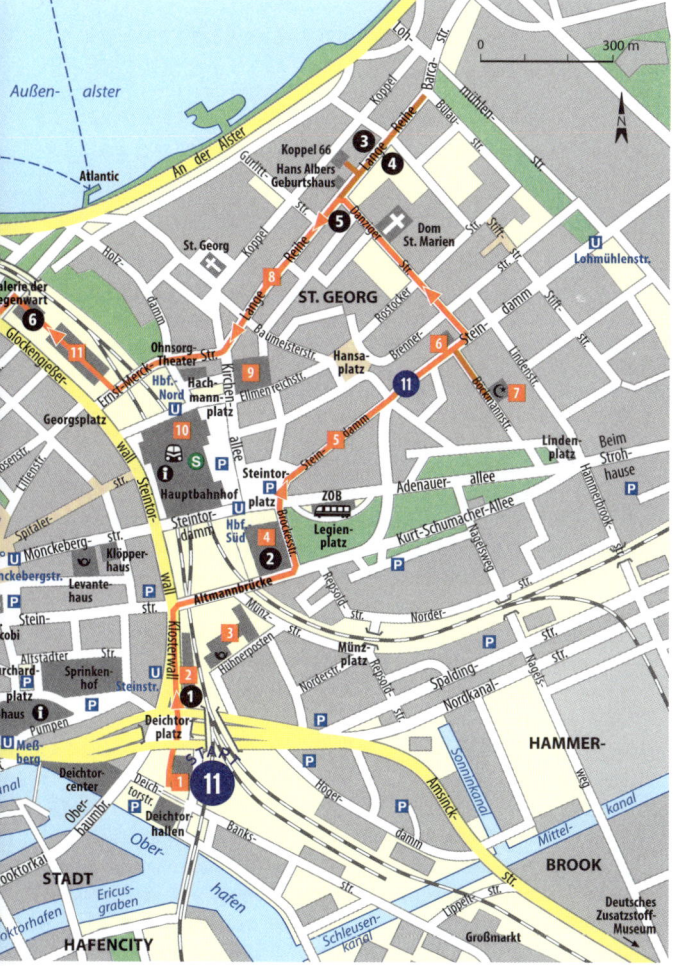

tanbul. Auf dem kurzen Weg zur Langen Reihe passiert man den katholischen **Mariendom**, der Bau von 1893 ist die Kathedrale des 1995 eingerichteten Erzbistums Hamburg.

Die **Lange Reihe** 8 H4 ist die Pulsader von St. Georg. Das Besondere an der lebhaften Kultmeile sind die vielen Spezialgeschäfte und die zahlreichen Straßencafés, Bars und Restaurants quer durch alle Kontinente. Allein vier Geschäfte für Asiatika, buddhistische Kunst und Schmuck aus Indien, Tibet und Nepal wie z. B. **Tibetan Lama Art** (Nr. 76) gibt es hier. Außerdem Buchhandlungen und Antiquariate, ein ostasiatischer und gleich daneben ein indischer Supermarkt. Das **Lagerhaus** (Nr. 27) lockt mit unwiderstehlichen Design- und Modeideen sowie meisterlichen Torten.

Schmale Durchgänge erschließen hie und da idyllische Hinterhöfe, gern genutzt wird der Zugang zum Haus für Kunst und Handwerk, Koppel 66 (Eingang auch von der Langen Reihe). In dieser ehemaligen Maschinenhalle fertigen und verkaufen Ateliers und Werkstätten auf drei Etagen ihre Werke und Schaustücke; im **Café Koppel 66** (€–€€) im Erdgeschoss gibt es leckere vegetarische Gerichte.

ZWISCHENSTOPP: RESTAURANTS

- Sehr dezent weisen einige Läden und Bars, wie das **Café Gnosa** 3 € H4 (Nr. 93, u. a. köstliche Kuchen), darauf hin, dass im Viertel auch die Gay-Szene einen Schwerpunkt hat.
- Schräg gegenüber ist die rustikale Bierkneipe **Frau Möller** 4 € H4 (Nr. 96) immer brechend voll, nicht zuletzt wegen der deftigen Hausmannskost.
- Im **Cox** 5 €€ H4 (Nr. 68) genießt man französisch und asiatisch inspirierte Küche mit regionalen Zutaten.

HAUPTBAHNHOF

Seit 1900 wendet das **Deutsche Schauspielhaus** 9 H4 > S. 42 seine weiße Fassade der Innenstadt zu, im gegenüberliegenden Bieberhaus residiert das plattdeutsche **Ohnsorg-Theater**. > mehr S. 19 Punkt 47

In der Umgebung ballen sich preiswerte Hostels und Pensionen. Am Hamburger **Hauptbahnhof** 10 G5–H5 treffen sich nicht nur Fern- und Nahverkehrszüge, sondern

---

> **HANS ALBERS**
>
> An dem mit Atlanten verzierten Bürgerhaus in der Langen Reihe 71 erinnert eine Gedenktafel an den Volksschauspieler Hans Albers (1891–1960). Er wurde hier als Sohn eines Schlachtermeisters geboren. Das nahe Schauspielhaus war schon als Junge seine Welt. Bis zu seinen Erfolgsfilmen wie »Große Freiheit Nr. 7« und Liedern wie »Seemanns Braut ist die See« war es für den blonden und blauäugigen Hans aber noch ein langer Weg. Seinem Ruhm tat es keinen Abbruch, dass die Filme St. Pauli und das Seefahrerleben in reichlich verklärter Weise zeigten.

Die Galerie der Gegenwart ist ein Teil der Hamburger Kunsthalle

auch sämtliche U- und S-Bahnlinien. Die mächtige Bahnsteighalle aus Glas und Stahl von 1906 trägt außen wilhelminischen Zierrat, dessen nützlichster Bestandteil die Uhrtürme mit den weithin sichtbaren Ziffernblättern sind. Stadtrundfahrtbusse fahren beim Ausgang Kirchenallee ab.

HAMBURGER KUNSTHALLE

Die Kunsthalle besitzt eine der bedeutendsten Gemälde- und Skulpturensammlungen in Deutschland, von den alten Meistern des Mittelalters bis zur zeitgenössischen Kunst. Die Sammlungen verteilen sich auf drei zusammenhängende Gebäude am Glockengießerwall, der skulpturenverzierte dunkle **Gründungsbau** (eröffnet 1869), der südlich anschließende helle **Muschelkalkbau** von 1919 mit auffälliger Kuppel sowie die **Galerie der Gegenwart,** ein markanter weißer Kubus von 1997, den Oswald M. Ungers nordwestlich des Gründungsbaus für die zeitgenössischen Sammlungen schuf. Seit der Modernisierung bieten die beiden Altbauten einen zeitgemäßen Rundgang durch die europäische Kunstgeschichte vom Mittelalter bis zur Klassischen Moderne. Die Sammlung besticht durch herausragende Werke Alter Meister oder der deutschen Romantik, darunter C. D. Friedrich und Ph. O. Runge. Blicke hinter die Kulissen der Museumsarbeit ermöglicht das »Transparente Museum«. (Glockengießerwall 5, www.hamburger-kunsthalle.de, Di bis So 10–18, Do bis 21 Uhr, 14 €, Do ab 17.30 Uhr nur 8 €).

ZWISCHENSTOPP: CAFÉ

Das **Liebermann** hat – modernisiert – wieder seinen Platz in der historischen Säulenhalle und verwöhnt mit Getränken und raffinierten Kleinigkeiten.

THE CUBE in der Galerie der Gegenwart bietet zu gepflegten Speisen Ausblicke auf die Binnenalster; beide ❻ €–€€.

Von der **Lombardsbrücke** 12 📖 G4 hat man den besten Ausblick auf die Binnenalster und auf die Hamburger City mit dem Rathaus, den fünf Hauptkirchtürmen und dem Elbphilharmoniedach.

Die Steinbrücke von 1868 mit den schmiedeeisernen Kandelabern trennt mit der parallel verlaufenden neueren Kennedybrücke › S. 142 die Binnen- und Außenalster voneinander und markiert die Stelle des einstigen Festungswalls.

UHLENHORST BIS STADTPARK

VERLAUF: Literaturhaus › Museum der Arbeit › Planetarium

KARTE: Seite 140/141
DAUER: 1/2 Tag mit Besichtigungen
PRAKTISCHE HINWEISE:
- **Start:** Bus 6, 37 Mundsburger Brücke
- **Ziel:** Bus 20, 26 Planetarium
- Die Tour ist prima zum Radfahren geeignet.
- Ohne Fahrzeug kann man Uhlenhorst und Barmbek mit den Buslinien 172/173 durchqueren (Beethovenstraße bis Ⓤ/Ⓢ Barmbek).
- Das Museum der Arbeit ist täglich geöffnet.
- Während der Hamburger Schulferien hat das Planetarium täglich geöffnet, sonst Di-So.
- Sportliche unterbrechen die Tour zum Kanu- oder Tretbootfahren z. B. am Osterbekkanal beim Lokal **Zur Gondel,** Kaemmereruferer 25, www.bootsvermietung-dornheim.de.

Das Land nahe der Außenalster ist begehrtes Wohngebiet. Auf den gemütlichen Kanälen, die die Stadtviertel Uhlenhorst, Winterhude und Barmbek durchziehen, kann man vom Paddel-, Tretboot oder SUP Board aus im Sommer Seerosen, Enten und Blesshühner bewundern. › mehr S. 13 Punkt ❾ Alsterdampfer sind heute noch die einzigen, die auf den ehemaligen Entwässerungsgräben und Verkehrswegen für Lastkähne mit Motorkraft schippern: ein idyllisches Wassersport- und grünes Freizeitrevier mitten in der Stadt.

Wem danach nicht der Sinn steht, kann sich experimentelles Theater auf Kampnagel oder das Museum der Arbeit anschauen. Auch die Sternenshows im Planetarium lohnen den Weg nach Winterhude. Sozusagen am Weg liegen zwei große städtebaulichen Projekte, die seinerzeit unter Fritz Schumacher › S. 78 in der 1930er-Jahren entstanden sind: das Backsteinviertel Jarrestadt und der Stadtpark in Fußweite dazu.

TOUR-START: UHLENHORST

Der Stadtteil Uhlenhorst (»Eulennest«) auf der Ostseite der Außenalster wurde um die Mitte des 19. Jhs. mithilfe von Gräben entwässert und danach mit repräsentativen Einzelhäusern und Geschosswohnungen für das gehobene Bürgertum bebaut.

Ein schönes Beispiel für ein Stadthaus aus dem Jahr 1868 ist das **Literaturhaus** 13 H3. Im prunkvollen Gartensaal gibt es häufig abends Lesungen (Schwanenwik 38, www.literaturhaus-hamburg.de). Im Café und Restaurant kann man stundenlang sitzen und lesen, so wie in der Schmökerecke der literarischen **Buchhandlung Samtleben** im Haus > S. 59.

WINTERHUDE UND BARMBEK

An einer der ehemaligen Wasserstraßen für die Industrie lag die Kranfabrik **Kampnagel** 14 H2. In den alten Hallen ist eine Experimentierbühne und Denkfabrik für darstellende Kunst mit internationalem Renommee entstanden. Theater, Tanz, Performance, Musik, bildende Kunst werden hier immer wieder neu erfunden (Jarrestraße 20, Tel. 27 09 49 49, www.kampnagel.de).

Nördlich der Jarrestraße breitet sich die **Jarrestadt** 15 H1 aus. Das geschlossene Quartier aus dunklen Klinkersteinen ist ein städtebauliches Projekt aus der Zeit des Oberbaudirektors Fritz Schumacher > S. 78 und reflektiert seine Ideen zum sozialen Wohnungsbau.

Ein gutes Stück weiter, im **Museum der Arbeit** 16 K1, werden die

Theater, Tanz, kulturelle Experimente in der ehemaligen Kranfabrik Kampnagel

Arbeits- und Lebensbedingungen der Hamburger seit dem beginnenden Industriezeitalter bis heute vielseitig beleuchtet (Wiesendamm 3, www.museum-der-arbeit.de, Mo 10 bis 21, Mi–Fr 10–17, Sa/So 10 bis 18 Uhr, 8,50 €). > mehr S. 17 Punkt 35 Das Museum ist Teil des einstigen Fabrikgeländes der New-York Hamburger Gummi-Waaren Compagnie von 1871. Im weiträumigen Fabrikhof findet März–Okt. einmal monatlich (9–17 Uhr) ein Kulturflohmarkt statt; Termine > S. 40.

ZWISCHENSTOPP: RESTAURANT

T.R.U.D.E. 7 €–€€ K1
Im Schatten der T.R.U.D.E., dem riesigen Elbtunnel-Bohrkopf, der jetzt auf dem Museumsgelände steht, genießt man im modernen Ambiente des gleichnamigen Lokals kreative neue deutsche Küche. Abendreservierung empfohlen.

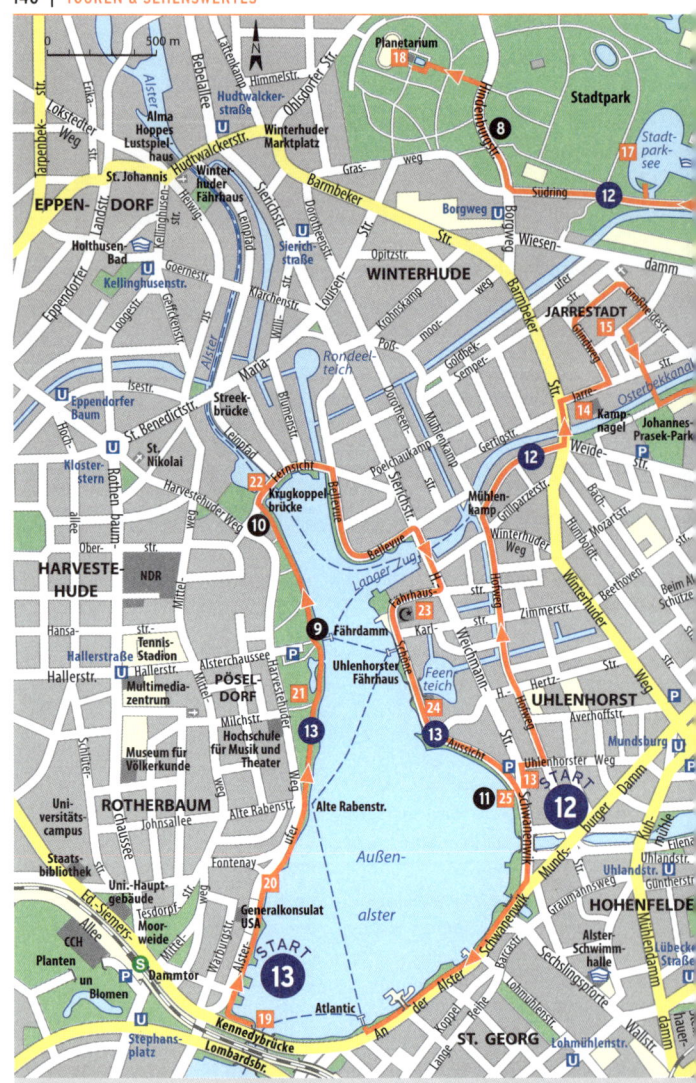

TOUREN ÖSTLICH DER ALSTER

TOUR 12

UHLENHORST BIS STADTPARK

13 Literaturhaus
14 Kampnagel
15 Jarrestadt
16 Museum der Arbeit
17 Stadtparksee
18 Planetarium

TOUR 13

RUND UM DIE AUSSENALSTER

19 Kennedybrücke
20 Alsterufer
21 Alstervorland

ÖSTLICH DER ALSTER | 141

22 Krugkoppelbrücke
23 Imam-Ali-Moschee
24 Gästehaus des Senats
25 Alsterperle

• Tel. 20 00 69 31 | Maurienstr. 13–15
www.trude-hh.de | Mo–Fr ab 11,
Sa/So ab 9.30 Uhr, So Frühstücksbüfett

STADTPARK ⭐

Mit rund 150 ha ist der von Fritz Schumacher konzipierte Stadtpark fast so groß wie die Außenalster. Die Längsachse des Parks misst 1,4 km; sie ist eine breite Schneise aus Wiesen und dem **Stadtparksee** 17 H1–J1, einem Natursee mit Schwimmbad. › mehr S. 13 Punkt 7 Der Wald zu beiden Seiten verbirgt Sport- und Spielplätze, eine Freilichtbühne und ornamentale Gartenanlagen. An Wochenenden kommen gut und gern 100 000 Besucher zum Grillen, Bolzen oder Boulespielen, zum Joggen, Radeln oder Tretbootfahren hierher.

Von der Aussichtsplattform (Di bis So, Eintritt frei) des 38 m hohen **Wasserturms** von 1913 überschaut man weite Teile Hamburgs. Er beherbergt das **Planetarium** 18 ⭐, das neben spannenden Vorträgen auch interessante Ausstellungen und fantastische Multimedia-Shows bietet (Otto-Wels-Straße 1, www.planetarium-hamburg.de). › mehr S. 16 Punkt 29

ZWISCHENSTOPP: RESTAURANT

Landhaus Walter 8 €

Das Landhaus im Stadtpark besitzt einen der wenigen großen Biergärten der Stadt. Dort gibt es Mai–Sept. bei gutem Wetter sonntags Frühschoppen mit Livemusik. Im Haus befindet sich auch der **Downtown Bluesclub.**

• www.eventcenter-hamburg.de
Di–Sa ab 12, So ab 10 Uhr

RUND UM DIE AUSSENALSTER

VERLAUF: Kennedybrücke > Alstervorland > Krugkoppelbrücke > Imam-Ali-Moschee > Atlantic-Anleger

KARTE: Seite 140
DAUER: Radler schaffen die 7,4 km lange Strecke in einer knappen Stunde, Spaziergänger in 2 1/2 Std.
PRAKTISCHE HINWEISE:
- **Start:** Ⓢ/Ⓤ Hauptbahnhof
- **Ziel:** Ⓢ/Ⓤ Hauptbahnhof
- In der Saison (ca. Ostern–Anf. Okt.) verbindet die Alsterkreuzfahrt das Ost- und Westufer ein- bis zweimal stündlich; zusätzlich pendelt die alte Barkasse »Aue« zwischen den Anlegern Uhlenhorster Fährhaus und Fährdamm Sa/So, Fei 11 bis 16.40 Uhr im 15-Min.-Takt.
- Bei den Bootsvermietern rings um den See kann man alles, vom Tretboot bis zur Segeljolle, mieten.
- Geschwommen wird in der Außenalster nicht, aber geangelt.

Die **Außenalster** ist ein riesiges Erholungs- und Freizeitrevier mitten in der Millionenstadt. Den geschlossenen Grüngürtel rund um den See verdanken die Hamburger einer Vorschrift, nach der die Häuser auf den ufernahen Grundstücken die Bäume nicht überragen dürfen. Noch bis in die späte Nacht laufen hier Hunderte von Joggern. Kaum scheint die Sonne, wird auf den Wiesen sonnengebadet und gegrillt oder Drachen steigen lassen geübt. Unzählige Segelschiffe kreuzen an den Alsterdampfern vorbei. Bei lang anhaltendem Frost feiern Tausende mit und ohne Schlittschuhen Glühweinparty auf der Eisfläche.

TOUR-START:
KENNEDYBRÜCKE 19 G4 UND ALSTERVILLEN

Erst 1953 erhielt die Lombardsbrücke von 1868 durch eine zweite Brücke Entlastung, sie wurde später in Kennedybrücke umbenannt. Von der Brücke aus kann man das Panorama der Außenalster genießen. Elegante Villen mit Seeblick säumen die Straße **Alsterufer** 20 G3/4, überragt vom neuen Luxushotel The Fontenay. Das streng bewachte »weiße Haus« direkt davor dient als US-Generalkonsulat bis zum Umzug in die HafenCity.

Am Alsterdampfer-Anleger Alte Rabenstraße gibt es auf **Bodo's Bootssteg** Liegestühle, kühle Getränke, Bootsverleih und Segelboote (Harvestehuder Weg 1 b).

ALSTERVORLAND 21 G2–G3

Seit der Internationalen Gartenbauausstellung 1953 ist das Alstervorland ein öffentlicher Park. Auf den riesigen Rasenflächen am See aalen sich Sonnenhungrige.

ZWISCHENSTOPP: RESTAURANTS
Alster Cliff 9 €–€€ G3
Ein herrlicher Platz, um bei zeitgeistigen Getränken im Liegestuhl abzuhängen.

- Fährdamm 13 | Harvestehude
  alster-cliff.de

Red Dog Bar 10 € G2
Die Bar im einstigen Toilettenhäuschen hat sich zur kleinsten Bar der Stadt »hochgearbeitet«.
- Krugkoppel 1 | Harvestehude
  reddogcafe.de

AUSSENALSTER-OSTUFER UND SCHÖNE AUSSICHT ★

Eine Augenweide ist nicht nur die backsteinerne **Krugkoppelbrücke** 22 G2, sondern auch der Ausguck auf das weite Außenalster-Panorama Richtung Süden. Hier fließt der Fluss Alster in den See. Die Ostuferstraße entlang der Außenalster heißt im Stadtteil Winterhude **Bellevue**, im südlich angrenzenden Uhlenhorst ebenso, nur in Deutsch: **Schöne Aussicht**. Neben dem Anleger Uhlenhorster Fährhaus hat anstelle des im Krieg zerstörten Ausflugslokals ein Ruderklub seinen Platz bezogen. Blickfang ist hier die **Imam-Ali-Moschee** 23 H2, seit den 1960er-Jahren eines der muslimischen Zentren der Stadt. Unter erlesenen Villen entlang der stillen Uferstraße sticht eine spätklassizistische Villa hervor, ein Bau von Martin Haller (1868). Seit 1965 beherbergt die Hansestadt hier ihre offiziellen Besucher im **Gästehaus des Senats** 24 H3.

ZWISCHENSTOPP: CAFÉ
Alsterperle 25 11 € H3
In der schattigen Bucht am Schwanenwik hat das urige Stehcafé im Freien ganzjährig Saison.

Segeln auf der Alster

- Eduard-Rhein-Ufer 1 | Uhlenhorst
  8 bis mind. 21 Uhr, im Sommer meist bis 22/24 Uhr. › mehr S. 14 Punkt 12

EUROPÄISCHE WANDERWEGE AN DER ALSTER

Hat man die mit schmiedeeisernen Laternen verzierte Schwanenwikbrücke stadteinwärts überquert, fällt entlang dem Uferweg die Markierung mit weißen Andreaskreuzen auf: Der **Europäische Fernwanderweg Nr. 1 Schweden/Italien** führt mitten durch die Metropole. Ebenso ist das östliche Alsterufer ein Abschnitt des **Jakobsweges** vom Baltikum Richtung Köln und weiter nach Santiago de Compostela.

HOTELS
Mehrere feine Hotels mit Alsterblick reihen sich entlang der Straße An der Alster, darunter das **Le Royal Méridien** (Nr. 52–56), und das über 100 Jahre alte Society-Hotel **Atlantic** (Nr. 72–79).

AUSFLÜGE & EXTRA-TOUREN

Am Strand von Travemünde

AUSFLÜGE

LÜBECK UND TRAVEMÜNDE

Hamburg › Lübeck › Travemünde › Hamburg

KARTE: Seite 147
DISTANZEN: Hamburg › Lübeck 60 km, 40 Min. per Zug; Lübeck › Travemünde-Strand ca. 20 km, ca. 20 Min. per Zug
VERKEHRSMITTEL:
- Stündlich fahren Regionalzüge Hamburg–Lübeck–Travemünde
- Per Auto gelangt man von Hamburg über die A 24 und A 1 nach Lübeck (Ausfahrt Zentrum) bzw. über A 1 und A 226/B 75 nach Travemünde. Der direkte Weg Lübeck–Travemünde geht über die B 75.

PRAKTISCHE HINWEISE:
- Die Regionalzüge befördern Fahrräder, eine Fahrradkarte muss vorher gelöst werden. Preiswert ist das Schleswig-Holstein-Ticket für bis zu fünf Personen.

LÜBECK 1 ⭐

Lübecks Führungsrolle als »Königin der Hanse« spiegelt sich im **Europäischen Hansemuseum** (An der Untertrave 1, www.hansemuseum.eu, tgl. 10–18 Uhr) und der mittelalterlichen Altstadt wider (UNESCO-Welterbe). Hansische Bürgermacht und Reichtum symbolisieren das backsteinerne, fein verzierte **Hols-**
tentor (15. Jh.) sowie im Zentrum der Stadtinsel das prächtige **Rathaus** und die doppeltürmige gotische **Marienkirche** – Vorbild für viele Kirchen Nordeuropas. Literaturfreunde begeben sich im **Buddenbrookhaus** (Thomas Mann) und im **Günter-Grass-Haus** auf die Spuren zweier Nobelpreisträger.

Der Mildtätigkeit reicher Bürger verdankt Lübeck repräsentative Altenstifte wie **Glandorps Gang** oder den **Füchtingshof** in der Glockengießerstraße. Im **Heiligen-Geist-Hospital** gewährte die Stadt schon seit dem 13. Jh. Krankenpflege, der Weihnachtsmarkt dort gehört zu den schönsten des Landes.

RESTAURANT

Schiffergesellschaft €€
Noch heute sitzen dort die Gäste an langen Tischen wie einst die Grönlandfahrer. Zur deftigen holsteinischen Küche trinkt man Lübecker Rotspon.
- Breite Str. 2 | 23552 Lübeck
  schiffergesellschaft.de

SHOPPING

Das berühmte Niederegger Marzipan kann man im **Café Niederegger** für die Lieben daheim mitnehmen.
- Breite Str. 89 | 23552 Lübeck
  www.niederegger.de

TRAVEMÜNDE 2

Die **Lübecker Bucht** ist sozusagen die Badewanne der Hamburger. An ihrem Südende liegt Travemünde, wichtigster Fährhafen der Ostsee nach Skandinavien und zugleich dörflich-gemütlicher Kur- und Strandort. Eine kleine Autofähre pendelt ständig über die Trave zur Halbinsel Priwall. Hier, am östlichen Traveufer, ankert die *Passat,* das Schwesterschiff der 1956 untergegangenen Viermastbark *Pamir.* Ein Stück strandabwärts kann man gut in der Ostsee baden. Nördlich der Trave wird am **Fischereihafen** Fisch direkt vom Kutter verkauft.

CAFÉ
Café »Über den Wolken« €€
Vom 35. Stock des Maritim Strandhotels hat man den schönsten Blick.
- Trelleborgallee 2 | 23570 Travemünde
  Café Mo–Sa ab 14, So ab 15 Uhr,
  Familienbuffet So 12–14.30 Uhr

Blaues Meer bis zum Horizont: dieser Blick bietet sich dem Spaziergänger am **Brodtener Steilufer.** Gut zwei Stunden braucht man für den spektakulären Panoramaweg hoch oben über dem Strand von Travemünder Strandpromenade nach Niendorf. Zurück geht es dann unten am malerischen Strand entlang – oder per Bus. Die bequeme Alternative führt mit dem Auto zur **Hermannshöhe,** wo das Steilufer am höchsten ist und die Aussicht am spektakulärsten. › mehr S. 17 Punkt ➌⓪

INFO
Tourist-Information Lübeck und Travemünde Marketing
- Holstentorplatz 1 | 23552 Lübeck
  Tel. 04 51/8 89 97 00
  www.luebeck-tourismus.de

LÜNEBURGER HEIDE ③

Hamburg › Undeloh › Wilseder Berg › Undeloh › Hamburg

KARTE: Seite 147
DISTANZEN: Hamburg › Undeloh ca. 60 km per Auto; Undeloh › Wilsede ca. 4 km zu Fuß, per Kutsche oder Fahrrad; Rundweg Undeloh › Wilseder Berg › Wilsede › Undeloh ca. 10 km per Fahrrad oder zu Fuß
VERKEHRSMITTEL:
- Anfahrt nach Undeloh per Auto über A1 und A 7, Ausfahrt Egestorf. Es gibt Kutschen und einen Fahrradverleih in Undeloh.

PRAKTISCHE HINWEISE:
- Vor allem in der Hauptsaison zur Heideblüte im Aug./Sept. sollte man Kutschfahrten, evtl. auch Mietfahrräder, reservieren.

Der **Naturpark Lüneburger Heide** liegt westlich von Lüneburg und umfasst heute 1078 km². Er bietet 700 km Rad- und Wanderwege; es gibt nur wenige Straßen.

UNDELOH ④
Im Norden ist das hübsche Dorf **Undeloh** mit seiner im 12. Jh. aus Feldsteinen erbauten Magdalenenkirche ein guter Startpunkt für Exkursionen. Zuvor erfährt man im **Heide-Erlebniszentrum** Näheres über das **Naturschutzgebiet** (Wilseder Straße 23, 21274 Undeloh, Tel. 0 41 89/ 81 86 48, www.heide-erlebniszentrum.de, Do–Di 12–17 Uhr, Saison auch Mi).

WILSEDER BERG 5

Nach 5 km Wander- oder Fahrradstrecke durch sanfthügeliges Heideland und duftende Wacholderhaine erreicht man den höchsten Punkt, den 169 m hohen **Wilseder Berg**, und genießt den weiten Rundblick. 1 km östlich kann man im Heidedorf **Wilsede** zünftig einkehren und im Museum Dat ole Huus die traditionelle Heidewirtschaft kennenlernen (Mai–Ende Okt. tgl. 10 bis 16 Uhr).

Wer die Landschaft aus einer anderen Perspektive sehen möchte, legt den 4 km langen Rückweg nach Undeloh per Kutsche zurück.

RESTAURANT

Zum Heidemuseum €–€€
Landgasthof mit Heidschnucken-Spezialitäten.
- Wilsede 9 | 29646 Bispingen/Wilsede Tel. 0 41 75/2 17 | www.zum-heidemuseum.eu | tgl. ab 8 Uhr

Die Sinne werden im **Barfußpark in Egestorf** angeregt. Man lässt die Füße unterschiedliche Untergründe erspüren oder lauscht dem Klang verschiedener Hölzer, mit fantasievollem Spielplatz (Ahornweg 9, 21272 Egestorf, www.barfusspark-egestorf.de; Ende April–Ende Sept. tgl. 9–20, letzter Einlass 18 Uhr).

Ausflüge

INFO
Tourist Info Undeloh
- Zur Dorfeiche 27 | 21274 Undeloh
  Tel. 0 41 89/3 33 | www.undeloh.de

ALTES LAND [6]

> St. Pauli Landungsbrücken >
> Cranz > Jork > Neuenfelde > St. Pauli
> Landungsbrücken
>
> **KARTE:** Seite 147
> **DISTANZEN:** St. Pauli Landungsbrücken > Finkenwerder 28 Min. per Fähre, Finkenwerder > Cranz ca. 6 km, Cranz > Jork ca. 8 km, Jork > Finkenwerder über Neuenfelde ca. 15 km
> **VERKEHRSMITTEL:**
> - Fähre 62 bzw. Blankenese-Cranz und Fahrrad
>
> **PRAKTISCHE HINWEISE:**
> - Die HADAG-Fähren nehmen Fahrräder in der Regel ganztägig mit, kostenlos auf der Fähre 62, auf der Fähre Blankenese-Cranz ist 1,50 € fällig. HVV-Fahrkarten gelten auf dieser Fähre nicht an Sa/So und Fei, man kann an Bord nachlösen.

Hightech und Dorfidyll – auf der einstigen Elbinsel Finkenwerder wird das meiste Geld nicht mehr mit Fischerei oder Landwirtschaft verdient, sondern in einem der größten Flugzeugwerke der Welt. Man kann an einer Airbus-Werksführung teilnehmen (https://werksfuehrung.de über Globetrotter Reisen, Tel. 0 40/2 78 42-250, Mo–Fr 9–17 Uhr; Mindestalter 14 Jahre).

Gleich hinter dem Airbus-Werk beginnt das Alte Land, dessen östlicher Teil zur Freien und Hansestadt Hamburg, der Rest zum Bundesland Niedersachsen gehören. Besucher kommen besonders gern im Frühjahr zur Baumblüte, um die acht Mio. Apfel-, Pflaumen- und Kirschbäume zu bewundern. In den Erntemonaten kauft man Obst in Hofläden und verbindet dies mit einer Radtour. > mehr S. 16 Punkt [25]

CRANZ [7]
Der schnellste Weg ins Alte Land führt mit der HADAG-Fähre ab Landungsbrücken nach Finkenwerder, dann per Fahrrad nach Cranz. Besonders stimmungsvoll ist die Anfahrt mit der Personenfähre Blankenese–Cranz (April–Anfang Okt. stdl. 6.30–20.30 Uhr, ab Cranz 7–20 Uhr, sonst weniger häufig). In Cranz lädt das Ufer des Flüsschens Este zum Spazierengehen ein.

JORK [8]
Im Zentrum des Alten Landes liegt **Jork** mit seinen malerischen alten Fachwerkhäusern, der kleinen Barockkirche und dem Rathaus im restaurierten Gräfenhof. Im **Museum Altes Land** wird das harte Leben in dieser Landschaft dargestellt (Westerjork 49, 21635 Jork, April bis Okt. Di–So 11–17 Uhr, Nov. bis März Mi, Sa/So 14–17 Uhr, www.jork.de).

Die **Holländerwindmühle »Aurora«** von 1856 direkt am Deich von Jork kann besichtigt werden (nach Vereinbarung, www.diemuehlejork.de).

RESTAURANTS

Die Mühle Jork €€
Restaurant auf vier Etagen, saisonale und Fischgerichte, Kaffee und Kuchen.
• Am Elbdeich 1 | 21635 Jork-Borstel
  www.diemuehlejork.de | Mo, Di geschl.

Kathrins Genusswelt
Kaffee- und Kuchengelüste lassen sich hier gut stillen.
• Bürgerei 1 | 21635 Jork
  So–Mi 10.30–18, Do–Sa 10.30–21.30 Uhr

NEUENFELDE

Für Musikfreunde lohnt auf der Rückfahrt von Jork nach Finkenwerder ein Abstecher nach **Neuenfelde**. Die Barockkirche St. Pankratius besitzt eine Orgel von Arp Schnitger (1648–1719). Der berühmte Orgelbauer besaß in dem kleinen Ort einen Hof. Er liegt in St. Pankratius begraben (Kirche tgl. 9 bis 16 Uhr oder länger).

STADE 9

Typisches Fachwerkhaus im Alten Land

> Hamburg › Stade › Hamburg
>
> **KARTE:** Seite 147
> **DAUER:** Tagesausflug; mit der Ⓢ3 von Hbf über Harburg nach Stade: ca. 60 Min., Metronom ca. 55 Min.
> **PRAKTISCHE HINWEISE:**
> • Die Ⓢ3/der Metronom Hbf–Stade fahren ca. alle 30 Min.
> • Es gelten HVV-Tarife, für bis zu fünf Pers. lohnt sich die Gruppen-Tageskarte »Großbereich Hamburg«. www.hvv.de, www.der-metronom.de

Barocke Festungsstadt mit mittelalterlicher Geschichte – diese Atmosphäre strahlt Stades Altstadt bis heute aus: Fachwerkhäuser, Gässchen, der **Alte Hansehafen** und immer wieder Plätze mit Flair, wie der **Fischmarkt** mit dem historischen Holztretkran. Stades Hafen war im Mittelalter ein ernster Konkurrent gegenüber Hamburg, denn die Schiffe, die von der Nordsee kamen, erreichten den Stader Hafen an der Schwinge schneller. Schon im 13. Jh. erhielt Stade das Stapelrecht und gehörte bald dem Hansebündnis an. Zum Verdruss der Stader änderte sich im 15. Jh. der Elblauf, die Schwinge versandete und die Frachtschiffe konnten den Stader Hafen nicht mehr erreichen.

Zwei Kirchen, **St. Cosmae** mit ihrem barocken Uhrturm und einer berühmten Arp-Schnitger-Orgel und **St. Wilhadi** mit ihrem etwas schiefen Backsteinturm, gehören noch zu den Zeitzeugen des Mittelalters, obwohl ein Großbrand 1659 die Stadt verwüstete und auch die Kirchen nicht ganz verschonte (St. Cosmae, April–Okt. tgl. 10–17 Uhr; St. Wilhadi: April–Okt. Mo–Sa 11 bis 16 Uhr, sonst 11.30–13.30 Uhr).

Das vernichtende Großfeuer fiel in eine glückliche Epoche der Stadt. 1645 hatten die Schweden den Ort erobert und machten ihn nach dem Ende des Dreißigjährigen Kriegs zur Hauptstadt ihrer Besitzungen im Nordwesten Deutschlands, die sie bis 1712 behielten. Schweden investierte in den Wiederaufbau und Ausbau Stades. Ein damals hochmoderner Festungswall mit neun Bastionen und tiefem Stadtgraben umgab den Ort. Das **Rathaus** entstand, das **Zeughaus** am Pferdemarkt und der **Schwedenspeicher**, heute ein modernes kulturhistorische Regionalmuseum (Di–Fr 10 bis 17, Sa/So bis 18 Uhr).

Schöne Straßencafés reihen sich am Hansehafen entlang der Uferstraßen »Wasser Ost« und »Wasser West« vor dekorativen Handwerker- und Bürgerhäusern. In den netten Läden im Zentrum macht der Einkaufsbummel Spaß.

INFO

Tourist-Information am Hafen
Öffentliche Stadtführungen starten an der Tourist-Information: April–Okt. Mo, Mi, Sa und So 11.30 Uhr; sonst nur Sa 11.30 Uhr.
- Hansestraße 16 | 21682 Stade
  Tel. 0 41 41/77 69 80
  www.stade-tourismus.de

HELGOLAND 10

Hamburg › Helgoland › Hamburg

KARTE: Seite 147
DAUER: Hamburg › Helgoland Mi, Fr–Mo 9–12.45, Di, Do 9–12.30 Uhr, Helgoland › Hamburg Mi, Fr–Mo 16.30–20.15, Di, Do 17–20.30 Uhr
VERKEHRSMITTEL:
- Katamaran Halunder Jet

PRAKTISCHE HINWEISE:
- Der Großkatamaran Halunder Jet ist 35 kn (ca. 65 km/h) schnell und hat auf zwei Decks Platz für 680 Personen (davon 100 in der Premium Class). Zwischen Hamburg und Helgoland hält der Halunder Jet in Wedel (nicht Di, Do) und Cuxhaven. Er legt im Helgoländer Südhafen an, Ausbooten ist nicht nötig: Man kann direkt an Land gehen. Die Insel ist zoll- und mehrwertsteuerfrei.

Die 100 km lange Strecke auf dem viel befahrenen Elbstrom ist nie langweilig. Der Katamaran legt Mi und Fr–Mo am **Willkomm-Höft** › S. 107 an, passiert die Zufahrt zu den **Schleusen des Nord-Ostseekanals**, den Anleger »Alte Liebe« in Cuxhaven und Hamburgs ältestes Bauwerk, den **Turm auf der Insel Neuwerk** › mehr S. 18 Punkt 41 am Übergang der Elbe in die Nordsee.

Knapp 70 km vom Festland entfernt liegt Helgoland, ein nur 1 km² großer Sandsteinfels. Schon im Unterland, in den Läden und Kneipen der bunten **Hummerbuden** und rund um die Hauptstraße **Lung Wai,** locken zollfreie Angebote.

Nahe der Landungsbrücke liegen das **Kurmittelhaus** und sein modernes Meerwasserschwimmbad. Nebenan informiert das **Museum** über Helgolands einzigartige Natur und Kulturgeschichte. Auf dem Museumshof, in an Hummerbuden erinnernden Hütten, bewahrt man u. a. dem Dichter James Krüss ein Andenken, der Kinderbücher schrieb (Saison tgl. 10–14.30 Uhr).

Treppe und Lift führen hinauf zum Oberland, dem hochgelegenen Siedlungsteil der Insel mit weiteren Geschäften und Restaurants, Wohnungen und den beiden Kirchen. Man genießt den Weitblick und pilgert dann auf dem Klippenrandweg zum Wahrzeichen Helgolands, der **Langen Anna** (Rundweg ca. 1 Std.). Die rote Sandsteinsäule dient Dreizehenmöwen als Nistplatz. Auf dem nahen **Lummenfelsen** nisten Trottellummen, Basstölpel, Tordalken und andere Klippenbrüter. Zum **Offshore-Windpark** 23 km nordwestlich Helgolands fährt der Halunder Jet ca. viermal in der Saison (Di 13.15–14.45 Uhr, Karten: FRS Helgoline und Helgoland Touristik. Inselführungen Mai–Okt. Di-Sa, 1,5 Std., Buchung im Halunder Jet).

RESTAURANT

In der **Bunten Kuh** (€) in den urigen Hummerbuden essen auch Helgoländer gern.
• Hafenstr. 1013–1018

INFO

• **FRS Helgoline**
St. Pauli Landungsbrücke 3/4
20359 Hamburg | Tel. 04 61/8 64 44
www.helgoline.de
• **Helgoland Touristik**
Lung Wai 28 (Rathaus)
Tel. 0 47 25/80 88 08 | www.helgoland.de

Hummerbuden auf Helgoland

EXTRA-TOUREN

EIN WOCHENENDE IN HAMBURG

> **VERLAUF:** Stadtrundfahrt > City-Einkaufsbummel > Alsterdampfer-Tour > Reeperbahnbummel > Fischmarkt (sonntags) > Hafenrundfahrt > Speicherstadt

> **KARTE:** Faltkarte
> **VERKEHRSMITTEL:** Die Hamburg CARD (Einzel- oder Gruppenkarte für bis zu fünf Pers.) gibt es für einen bis fünf Tage. Man kann damit Bahnen, Busse und Schiffe des HVV nutzen. Ermäßigungen gibt es u. a. auf viele Eintrittspreise und Rundfahrten.

Eine gute Übersicht gibt Ihnen am 1. TAG eine **Stadtrundfahrt** > S. 28, bevor Sie auf Shopping- oder Sightseeingbummel in der City gehen. Bei einer gemütlichen Barkassen-Rundfahrt auf der **Außenalster** > S. 98 schöpfen Sie wieder Kraft für das Musical am Abend. Unentwegte schließen einen Reeperbahnbummel durch das weltberühmte Vergnügungsviertel **St. Pauli** > S. 116 an. Wer am 2. TAG sonntagmorgens auf den **Fischmarkt** > S. 100 möchte, muss früh aufstehen: Ab 5.30 Uhr ist Betrieb in den Lokalen und Kneipen rings um den Markt. Anschließend erholen Sie sich bei einer **Hafenrundfahrt.** Nachmittags bummeln Sie durch die **Speicherstadt** > S. 86, besuchen das **Maritime Museum** > S. 91 oder **Miniatur Wunderland** > S. 89 und genießen den Blick von der **Elbphilharmonie-Plaza** > S. 90.

HAMBURG IN FÜNF TAGEN

> **VERLAUF:** St. Michaeliskirche > Innenstadt > Hafenrundfahrt > Speicherstadt > HafenCity > Internationales Maritimes Museum > Fahrt auf der Elbe > Reeperbahnbummel > Museumsmeile > Alsterrundfahrt > Karoviertel > Paddeltour auf der Alster > Planten un Blomen > Planetarium

> Faltkarte EXTRA-TOUREN | 153

> **KARTE:** Faltkarte
> **VERKEHRSMITTEL:** Die Hamburg CARD gibt es auch für fünf Tage.

1. TAG: Vom Turm der **St. Michaeliskirche** › S. 82 liegt einem die Stadt zu Füßen. Nach der Stadtrundfahrt – besonders schön: rund um die **Außenalster** – erkunden Sie nachmittags in der City das **Rathaus** › S. 75, die verführerischen Einkaufsmeilen und Ladenpassagen. Verwöhnen Sie sich abends mit einem Sundowner in Heaven's Nest und dem Panorama auf die Lichter von Stadt und Hafen vom 24. Stock der **Tanzenden Türme** › S. 38.

2. TAG: Schwerpunkte des heutigen Tags sind der Hamburger Hafen, die Elbe, HafenCity und die **Speicherstadt** › S. 86. Beginnen Sie mit einem Besuch der **Elbphilharmonie-Plaza** › S. 90. Die Wasserwege erkunden Sie auf einer Hafenrundfahrt, mit der Maritimen Circle Line oder den öffentlichen Hafenfähren, die Sie auch elbabwärts schippern. Besuchen Sie eines der vielen Museen der Speicherstadt, z. B. das **Internationale Maritime Museum** › S. 91 und flanieren Sie durch die **HafenCity**. Abends gehen Sie an der Großen Elbstraße essen. Danach ist ein Reeperbahnbummel in **St. Pauli** › S. 116 angesagt und eine Aufführung in Schmidts Tivoli oder im Schmidt-Theater.

3. TAG: Hamburg kulturell – bei über 50 Museen haben Sie die Qual der Wahl. Verbringen Sie den Morgen in der **Kunsthalle** oder in den anderen Juwelen der **Kunstmeile** › S. 132. Interessant sind auch das **Museum für Hamburgische Geschichte** › S. 122 und das ethnografische Museum **MARKK** › S. 127. Viele Museen liegen in der City oder in der Speicherstadt. Eine gemütliche **Alsterdampfer-Tour** am Nachmittag macht Sie wieder aufnahmefähig für Kultur am Abend: Oper, Ballett, Musical, Theater, Kabarett oder Konzert.

4. TAG: Hamburg entspannt und sportlich: Alternativ zum hektischen City-Shopping erkunden Sie die kreativen Modeateliers in der Marktstraße im **Karoviertel** und gehen im hippen **Schanzenviertel** › S. 124 essen. Nachmittags unternehmen Sie eine Paddel- oder Segeltour auf der **Außenalster** › S. 142 oder Sie fahren Tretboot. Joggen Sie die 7,4-km-Strecke um die Außenalster oder spazieren Sie am Wasser entlang. Relaxen Sie in einem Beach-Klub an der Elbe. Gehen Sie heute in einem Hamburger Traditionslokal essen und lassen Sie den Abend ausklingen mit einer unvergesslichen Aussicht vom »Nachtmichel«, dem Turm der **St. Michaeliskirche** › S. 82.

5. TAG: Besuchen Sie **Planten un Blomen** › S. 126 und lassen sich die abendlichen Wasserlichtspiele nicht entgehen (Mai–Sept.). Oder genießen Sie den Stadtpark und danach eine spannende Sternenshow im **Planetarium** › S. 141.

INFOS VON A–Z

ÄRZTLICHE VERSORGUNG
- **Ärztlicher Notdienst Kassenärzte**
  Tel. 11 61 17
- **Privatärztliche Notdienste**
  Tel. 1 92 57, 1 92 46
- **Zahnärztlicher Notdienst Kassenärzte**
  Tel. 0 18 05/05 05 18
  www.zahnaerzte-hh.de
- **Zahnärztlicher Notdienst (nachts)**
  der Kassenzahnärztlichen Vereinigung
  Stresemannstr. 52, Altona, 19–1 Uhr

BARRIEREFREIES REISEN
Über den Stadtführer für Rollstuhlfahrer und aktuelle Zugangsinformationen informieren www.hamburg-tourism.de/barrierefrei und www.hamburg.de/mobilitaet. Infos auch über die Hotline der Hamburg Tourismus GmbH, Tel. 30 05 18 51 (Mo–Sa 9 bis 19 Uhr).

FUNDBÜROS
- **Fundbüro von Stadt und Hochbahn (HHA):** Bahrenfelder Str. 254–260
  Tel. 4 28 11 35 01
  Online-Suche und Öffnungszeiten:
  www.hamburg.de/fundbuero
- **Fundbüro Deutsche Bahn/S-Bahn:** Internet-Suche:
  www.fundservice.bahn.de

INFORMATION
- **Hamburg Tourismus GmbH**
  Telefon-Service: Tel. 30 05 17 01,
  Mo–Sa 9–19 Uhr; ausführliche Informationen, Veranstaltungskalender und Hotelübersicht:
  www.hamburg-tourism.de
- **Tourist Information Hauptbahnhof**
  Ausgang Kirchenallee, Mo–Sa 9–19,
  So, Fei 10–18 Uhr
- **Tourist Information am Hafen**
  St. Pauli Landungsbrücken 4–5,
  So–Mi 9–18, Do–Sa 9–19 Uhr
- **Hamburg Airport Welcome Center**
  Airport Plaza, zwischen Terminal 1 und 2, Ankunft, tgl. 6.30–23 Uhr
- **Welterbe Info Point im Chilehaus**
  Pumpen 6, City, tgl. 10–17 Uhr

KARTEN-VORVERKAUF
- **Elbphilharmonie Kulturcafé**
  Barkhof 3 | Tel. 35 76 66 66
- **Konzertkasse Hauptbahnhof**
  Tel. 32 87 38 54

💬 GUT ZU WISSEN

- **Hamburg CARD:** Kostenlose Fahrten im Hamburger Verkehrsverbund plus zahlreiche Vergünstigungen bei Eintritten und Einkäufen, wahlweise für einen bis fünf Tage, über Tourist-Informationen und www.hamburg-tourism.de.
- **Hamburg City Pass:** Teurer als Hamburg CARD, aber HVV und Museums- u. a. Eintritte sind frei; für ein, zwei, drei oder fünf Tage, www.turbopass.de
- **Eintrittskarten** für viele kulturelle Veranstaltungen, wie Theater, Oper, Musical, Kabarett, Konzert, beinhalten oft auch die An- und Abreise per Hamburger Verkehrsverbund.
- **Bahn-Ländertickets:** Die Ländertickets der Deutschen Bahn gelten auch ab/bis Hamburg wahlweise für Schleswig-Holstein, Niedersachsen oder Mecklenburg-Vorpommern.

- Theaterkasse Schumacher
  Kl. Johannisstr. 4 | Tel. 34 30 44

KONSULATE
- **Honorarkonsulat Österreich**
  Kurze Mühren 2 | 20095 Hamburg
  Tel. 30 80 12 05
- **Konsulat Schweiz**
  Geb. 245, Flughafenstr. 1–3
  22335 Hamburg | Tel. 50 75 29 30

PANNENHILFE
- **ACE-Euro-Notruf:**
  Tel. 07 11/5 30 34 35 36
- **ADAC-Notrufzentrale:**
  Tel. 0 18 02/22 22 22
- **AvD-Notrufzentrale:**
  Tel. 08 00/9 90 99 09

POST
Leicht erreichbare **Filiale in der City**:
- Karstadt | Mönckebergstr. 16

TAXIRUF
- **Autoruf:** Tel. 44 10 11
- **Großraumtaxi:** Tel. 08 00/ 62 94 82 94
- **Hansataxi:** Tel. 21 12 11
- **Taxi Hamburg:** Tel. 66 66 66

TELEFON-VORWAHL
Die Vorwahl von Hamburg ist 0 40.

KOSTENLOSE VERANSTALTUNGSMAGAZINE
- **Auf nach Hamburg**, vierteljährlich erscheinendes Hamburg-Programm, das in den Tourist-Informationen erhältlich ist.
- **Hamburg:pur**, Monatsmagazin, liegt in Lokalen und Geschäften aus, www.szene-hamburg.de.
- **Hamburg Führer**, Monatskalender mit vielen Shopping-, Restaurant- und Service-Tipps, liegt in Hotels, Restaurants und Tourist-Informationen aus: www.hamburg-fuehrer.de.

Der Fernsehturm ist das höchste Gebäude der Stadt

WICHTIGE TELEFONNUMMERN
- **Polizei:** Tel. 110
- **Feuerwehr:** Tel. 112
- **Sperr-Notruf:** (Ausweise, Handys, Kreditkarten etc.), gebührenfrei Tel. 11 61 16
- **Flughafenauskunft:** Tel. 5 07 50
- **HVV-Auskunft:** individuelle Fahrplanauskunft: Tel. 1 94 49 und www.hvv.de

URLAUBSKASSE
- Tasse Kaffee: 3,30 €
- Softdrink: 3 €
- Glas Bier (0,3 l): 3,20 €
- Bockwurst mit Kartoffelsalat: 6,50 €
- Kugel Eis: 1,20 €
- Taxifahrt (pro km/bis 4 km): 2,50 €
- Mietwagen/Tag: ab 30 €

REGISTER

Alsterarkaden 70
Alsterhaus 71
Alsterrundfahrt 98, 129
Alter Botanischer
  Garten 125
Alte Post 71
Alter Elbtunnel 99, 108
Alte Rinderschlacht-
  halle 125
Altes Land 148
Altonaer Hafen 103
Antoni-Park 120
Architektur 57
Arp-Schnitger-Orgel 78
Außenalster 142
Automuseum Prototyp 93

Baakenhafen 92
Ballett 56
BallinStadt 111
Barlachmuseum 107
Barmbek 139
Binnenalster 70
Bischofsturm 77
Blankenese 106
Börse 76
Broschek-Haus 80
Bucerius Kunst Forum 75

Cap San Diego 96
Chilehaus 79
Colonnaden 74
Congress Centrum 126
Container-Terminal Alten-
  werder 110
Cranz 148

Dammtorbahnhof 127
Davidstraße 116
Deichstraße 86
Deichtorcenter 79
Deichtorhallen 132
Deutsches Schauspiel-
  haus 136

Deutsches Zollmuseum 93
Dialog im Dunkeln 93
Ditmar-Koel-Straße 96
Dockland 103
Dom 77, 124
Donners Park 103

Elbphilharmonie 90
Elbspeicher 100
Elbuferweg 104
Empire Riverside Hotel 116
Energieberg Georgs-
  werder 112
Eppendorf 128
Ernst Barlach Haus 106
Essen & Trinken 36
Eurokai 110
Europa Passage 67, 73

Fähre 100
Fahrräder 27
Falkenstein 107
FC St. Pauli 124
Feste 60
Feuerschiff LV 13 95
Fischmarkt 100
Freihafen 88
Fundbüros 154

Galerien 55
Gängeviertel 81
Gänsemarkt 74
Große Bleichen 72
Große Elbstraße 100
Große Freiheit 119
Großmarkthalle 133
Großneumarkt 83
Gruner + Jahr 83

Hafen 48
HafenCity 89
Hafengeburtstag 101
Hafeninseln 108
Hafenmuseum 110

Hafen-Rathaus 93
Hafenrundfahrt 29, 98, 110
Halle für Aktuelle
  Kunst 132
Hamburg
  • Cruise Center 27, 91, 101
  • Messe 125
Hamburger Hof 72, 73
Hamburger Kunsthalle 137
Hamburgische Staats-
  oper 58
Hansahafen 110
Hans-Albers-Platz 120
Hanseviertel 72, 73
Harvestehude 128
Hauptbahnhof 136
Haus der Photographie 132
Heiligengeistfeld 124
Helgoland 150
Herbertstraße 117
Heuckenlock 113
Hochschule für Musik und
  Theater 128
Hohe Bleichen 74
Horizontweg 112
Hotels 33
Hühnerposten 133
Hulbe-Haus 67
Hummel-Denkmal 80

Internationale Garten-
  schau 112
Internationales Maritimes
  Museum 91
Isemarkt 129

Jarrestadt 139
Jenischhaus, -park 105
Johannes-Brahms-
  Museum 81
Jork 148
Jungfernstieg 71

Kabarett 44

REGISTER | 157

Kaisergalerie 73
Kaispeicher B 91
Karolinenviertel 125
Kaufmannshäuser 71
Kennedybrücke 142
Kesselhaus 89
Kleine Alster 70, 75
Klein Flottbek 106
Klöpperhaus 66
Köhlbrandbrücke 110
Komponisten-Quartier 81
Kontorhausviertel 79
Krameramtsstuben 83
Krugkoppelbrücke 143
Kunstmeile 55, 132

Laeiszhalle 81
Laeiszhof 77
Landungsbrücken 97
Lange Reihe 134
Levantehaus 66, 73
Literaturhaus 139
Lohsepark 92
Loki-Schmidt-Garten 106
Lombardsbrücke 72, 138
Lübeck 145
Lüneburger Heide 146

Marco-Polo-Terrassen 91
Mariendom 136
Maritime Circle Line 113
MARKK 127
Markthalle 132
Marktstraße 125
Med. Versorgung 154
Mellinpassage 70
Miniatur Wunderland 89
Mönckebergstraße 66
Museum (Museen) 55
• am Rothenbaum 127
• der Arbeit 139
• der Elbinsel Wilhelmsburg 113
• Hamburgische Geschichte 122
• für Kunst und Gewerbe 134

• Hafen Övelgönne 103
Musik 45, 56, 58

Neuenfelde 149
Neuer Wall 71
Neumühlen 103
Neustadt 80
Nienstedten 106
Nikolaifleet 77
Nivea-Haus 74
Notruf 155

Öffentl. Nahverkehr 27
Oper 42
Övelgönne 104

Peterstraße 81
Planetarium 141
Planten un Blomen 126
Portugiesenviertel 96
Pöseldorf 128
Poststraße 71
Puppenmuseum 107

Radfahren 30
Rathaus 75
Reeperbahn 118
Rickmer Rickmers 97
Rindermarkthalle 125
Rote Flora 124
Rotherbaum 127

Sandtorkai 90
Sandtorhafen 89
Schöne Aussicht 143
Schröders Elbpark 105
Schulterblatt 124
Seemannskirchen 96
Speicherstadt 86
Speicherstadtmuseum 90
Spicy's Gewürzmuseum 89
Spielbudenplatz 118
Spitalerstraße 67
Sport 30
Sprinkenhof 79
Staatsoper Hamburg 58, 74

Stade 149
Stadtlagerhauses 100
Stadtpark 141
Stadtrundfahrt 28, 97
St. Ansgar-Kirche 83
St. Georg 134
St. Jacobi-Kirche 78
St. Katharinen 86
St. Michaeliskirche 82
St. Nikolai 128
St. Pauli 116
St. Pauli Museum 118
St. Petri-Kirche 67, 78
Steindamm 135
Sternschanze 124
Störtebeker-Denkmal 91
Süllberg 107

Tanzende Türme 118
Teufelsbrück 105
Theater 42
• an der Elbe 109
• im Hafen 109
• in der Speicherstadt 90
• Ohnsorg 136
• Thalia 67
Travemünde 145
Trostbrücke 77

Überseebrücke 96
Uhlenhorst 139
Undeloh 146
Universität 127

View Point 92

Wallring 125
Wasserlichtorgel 126
Wedel 104, 107
Werft Blohm & Voss 108
Wilhelmsburg 112, 113
Willkomm-Höft 107
Wilseder Berg 147
Winterhude 139
Wittenbergen 107

Zentralbibliothek 133

BILDNACHWEIS

Coverfoto: St. Pauli, Hamburg © laif/Schwelle, Dagmar
Fotos Umschlagrückseite © Shutterstock/portumen (links); plainpicture/Richter, Roger (Mitte); laif/Lengler, Gregor (rechts)
Coverfoto Booklet Elbphilharmonie: Blick über den Holländischbrookfleet © laif/Eisermann, Dirk

Alamy/ALLTRAVEL: 130; Alamy/Renckhoff Dirk: 112; BallinStadt Auswanderermuseum Hamburg/Lux Patrick: 111; Fotolia/Jablonski, Thomas: 26; Fotolia/K.C.: 48; Fotolia/kameraauge: 92; Fotolia/Steiner, Carmen: 96; Frey, Elke: 8; Getty Images/befo: 9; Hafen Hamburg/Sperber: 49; Huber Images/Bäck, Christian: 72; Huber Images/Kaos: 137; Huber Images/Schmid, Reinhard: 62/63; Jahreszeitenverlag/GourmetPictureGuide: 85; Kurverwaltung Helgoland: 150; laif/Blickle, Frieder: 133; laif/Jonkmanns, Bernd: 59, 129; laif/Kerber, Christian: 31; laif/Lengler, Gregor: 91; laif/Schwelle, Dagmar: 24, 39; laif/Siemers, Frank: 139; laif/Volk, Stefan: 154; Lockengelöt: 17; Lookphotos/Dressler, Hauke: 46; Lookphotos/Pompe, Ingolf: 16; Lookphotos/Schuppius, Tilman: 61; Lookphotos/Zielske, H./Zielske, D.: 143; mauritius images/imageBROKER/Lammeyer, Thomas: 64; mauritius images/Westend61/Jankowski, Roy: 82; Pixelio/Schwarz, Lisa: 155; plainpicture/Bias: 29, 98; plainpicture/Friedrich, Iris: 18; plainpicture/Richter, Roger: 114; plainpicture/Takahara, Mia: 6/7; Renckhoff, Dirk: 57, 67, 81, 101, 102, 106, 149; Seasons Agency/GourmetPictureGuide: 34, 37; Seasons Agency/Jalag/Koschel, Philip: 53; Seasons Agency/Jalag/Selbach, Arthur F.: 121; Seasons Agency/Jalag/Schmitz, Walter: 23; Seasons Agency/Jalag/Schiffer, Maria: 84; Shutterstock/Bueckert, Axel: 19; Shutterstock/carol.anne: 13; Shutterstock/Fanfo: 14; Shutterstock/Gärtner, Frank: 115; Shutterstock/Geiger, Alexander: 15; Shutterstock/Hackemann, Jorg: 88; Shutterstock/ksl: 125; Shutterstock/mango-two-friendly: 51; Shutterstock/Müller, Christian: 12, 41, 54; Shutterstock/portumen: 70; Shutterstock/Riba, Ugis: 43; Shutterstock/Seemann, Andrea: 20/21; Shutterstock/SN-Photography: 10; Shutterstock/Tarasova, Anastasiia: 99; Shutterstock/Trejo, Anibal: 144; Shutterstock/vvoe: 119; Sperber, Achim: 131; Stage Entertainment/Brinckhoff/Moegenburg: 44; Shutterstock/ksi: ; stock.adobe.com/Bautsch, Carl-Jürgen: 76, 126; stock.adobe.com/Hötzel, Elke: 56; stock.adobe.com/Schiddrigkeit: 79.

Liebe Leserin, lieber Leser,
wir freuen uns, dass Sie sich für diesen POLYGLOTT on tour entschieden haben.
Unsere Autorinnen und Autoren sind für Sie unterwegs und recherchieren sehr gründlich,
damit Sie mit aktuellen und zuverlässigen Informationen auf Reisen gehen können.
Dennoch lassen sich Fehler nie ganz ausschließen. Wir bitten Sie um Verständnis, dass der
Verlag dafür keine Haftung übernehmen kann.

Ihre Meinung ist uns wichtig. Bitte schreiben Sie uns:
GRÄFE UND UNZER VERLAG
Postfach 86 03 66, 81630 München, Tel. 0 89 / 419 819 41
www.polyglott.de

LESERSERVICE
polyglott@graefe-und-unzer.de
Tel. 0 800 / 72 37 33 33 (gebührenfrei in D, A, CH), Mo–Do 9–17 Uhr, Fr 9–16 Uhr

1. Auflage 2019

© 2019 GRÄFE UND UNZER VERLAG GmbH,
München
Dieses Buch wurde auf chlorfrei gebleichtem
Papier gedruckt.
ISBN 978-3-8464-0397-6

Alle Rechte vorbehalten. Nachdruck, auch
auszugsweise, sowie die Verbreitung durch
Film, Funk, Fernsehen und Internet, durch
fotomechanische Wiedergabe, Tonträger und
Datenverarbeitungssysteme jeglicher Art nur
mit schriftlicher Genehmigung des Verlages.

**Bei Interesse an maßgeschneiderten
B2B-Editionen:**
gabriella.hoffmann@graefe-und-unzer.de

Bei Interesse an Anzeigen:
KV Kommunalverlag GmbH & Co KG
Tel. 089/928 09 60
info@kommunal-verlag.de

Verlagsredaktion: Anne-Katrin Scheiter
Autorin: Elke Frey
Redaktion: Buch und Gestaltung, Britta Dieterle
Bildredaktion: Nora Goth
Mini-Dolmetscher: Langenscheidt
Umschlaggestaltung & Layout:
Independent Medien Design, München
Horst Moser (Artdirection), Lucie Heselich
Karten und Pläne: Theiss Heidolph
und Kunth Verlag GmbH & Co. KG
Satz: Tim Schulz, Mainz
Herstellung: Anna Bäumner
Druck und Bindung:
Printer Trento, Italien

PEFC/18-31-506

Ein Unternehmen der
GANSKE VERLAGSGRUPPE

DAS AUSWANDERER MUSEUM
BALLINSTADT HAMBURG

Nr. 1*

HAMBURGS BELIEBTESTES HISTORISCHES MUSEUM.

*Noch immer sind die USA das begehrteste Einwanderland weltweit. Umfrage in der BallinStadt mit 400 Besuchern im Frühjahr 2018.

MEHR ALS EIN MUSEUM.
5 MINUTEN VOM HBF ENTFERNT, TÄGLICH GEÖFFNET.

BallinStadt   Veddeler Bogen 2   20539 Hamburg 040 - 319 79 16 - 0
www.ballinstadt.de

CHECKLISTE HAMBURG

Nur da gewesen oder schon entdeckt?

☐ **NOCH MEHR MUSICALS**
Die Musicalhauptstadt verzaubert Fans mit einer weiteren Spielstätte und wechselndem Programm in der denkmalgeschützten Großmarkthalle: Mehr! Entertainment › S. 133.

☐ **SHOPPINGMEILEN FÜR JEDES WETTER**
Am Bleichenfleet reiht sich nunmehr Passage an Passage, französisches Flair weht durch die kürzlich eröffneten Stadthöfe › S. 73.

☐ **BUCERIUS KUNST FORUM**
Mit kostbaren Leihgaben aus bedeutenden Museen der Welt wird hier in vier jährlichen Wechselausstellungen Kunst in einen spannenden thematischen Zusammenhang gestellt › S. 75.

☐ **WO HAMBURG SICH GERADE NEU ERFINDET: HAFENCITY**
Flanieren zwischen Elbphilharmonie und Cruise Center, und immer wieder die Elbe im Blick – unvergesslich › S. 90/91.

☐ **MINIATUR WUNDERLAND**
Mit 15 km Gleisen, 1000 Zügen und liebevoll gestalteten Weltregionen ist die größte Modelleisenbahn der Welt der Renner › S. 89.

☐ **ABENTEUER HAFEN**
Den Welthafen profund kommentiert auf der zweistündigen Barkassenfahrt »Abenteuer Hafen« erfahren (mit Stattreisen) › S. 98.

☐ **JUNGE DESIGNERMODE PROBIEREN**
Einen Modebummel durch die kleinen Ateliers an der Marktstraße im szenigen Karoviertel machen › S. 125.

💬 **MITBRINGSEL**

- **Deckenleuchte** aus Schallplatten gibt es bei Löckengelöt › S. 125
- **St. Pauli-Schal** direkt vom Fanshop am Millerntor-Stadion › S. 124